高铁的 100 个为什么

王明慧 潘金山 郭秀云 张 桥 编著

科学出版社

北 京

内 容 简 介

从中国第一条设计速度 350km/h 的京津城际高速铁路开通运营到中国高速铁路营业总里程跃居世界第一,中国高铁飞速发展。随着高铁逐渐成为人们出行的重要交通工具之一,越来越多的人对高铁产生了浓厚兴趣,想要了解关于高铁的知识。

本书的整体结构以问答形式呈现,内容覆盖全面,写作方法独特,叙述深入浅出,图文相得益彰。从读者的兴趣和认知角度出发,本书共安排了 100 个高铁科普知识点,力求用通俗易懂的语言解释科技知识,并辅以丰富的插图进行说明。本书总共包括 10 章,囊括了国内外高铁、高铁设备、高铁运营、高铁旅客出行、高铁经济、磁悬浮铁路等多个方面的问题及其解答。各章既独立,又存在内在关联,它们共同构建了较为完整的高速列车和高速铁路知识架构,从而带领读者走近高铁,了解高铁发展历史,探究高铁背后的科技秘密,感受高铁的魅力。

本书适合需要开展高铁教育的学校、政府单位以及对高铁感兴趣的读者阅读使用。

图书在版编目(CIP)数据

高铁的 100 个为什么 / 王明慧等编著. —北京:科学出版社,2023.7
(2024.10 重印)
ISBN 978-7-03-070733-8

Ⅰ.①高… Ⅱ.①王… Ⅲ.①高速铁路-介绍 Ⅳ.①U238

中国版本图书馆 CIP 数据核字(2021)第 240411 号

责任编辑:朱小刚 / 责任校对:彭 映
责任印制:罗 科 / 封面设计:义和文创

科学出版社 出版

北京东黄城根北街16号
邮政编码:100717
http://www.sciencep.com

四川省东和印务有限责任公司印刷
科学出版社发行 各地新华书店经销

*

2023 年 7 月第 一 版 开本:B5(720×1000)
2024 年 10 月第三次印刷 印张:8 1/2
字数:150 000

定价:59.00 元
(如有印装质量问题,我社负责调换)

作 者 简 介

　　王明慧，男，湖北京山人，博士，正高级工程师，重庆大学客座教授，西南交通大学兼职教授，研究生导师。曾被评为"铁道部铁路青年科技拔尖人才""重庆市创新创业领军人才"，并获得"贵州青年五四奖章""重庆五一劳动奖章""全国五一劳动奖章"。从事铁路运输管理、科技管理、建设管理工作30余年，负责过多个国家重大或重点铁路建设项目；承担科研课题40余项，发表论文100余篇；获得发明专利10多项、实用型专利10多项；出版专著17部。科研成果先后荣获天津市科学技术进步奖三等奖，重庆市科学技术进步奖一等奖、二等奖，中国施工企业管理协会科学技术奖一等奖、二等奖，华夏建设科学技术奖二等奖，中国交通运输协会科学技术奖一等奖，中国铁道学会科学技术奖一等奖，以及中国钢结构协会科学技术奖特等奖等。

前　言

　　100 多年来，中国铁路建设发生了翻天覆地的变化。从詹天佑主持修建中国第一条自主设计建造的"人"字形京张铁路，到 2019 年底通车运营的京张高铁，中国铁路的发展史不仅展示了中国人民非凡的智慧，也体现了大国的崛起速度。纵横交错的铁路网，给贫困地区的人们带来了希望，使他们不仅可以借助铁路网售卖自家农副产品以增加家庭收入，还能让他们的孩子去更远的地方，接受更好的教育，感受更广阔的世界。从"四纵四横"迈向"八纵八横"，在不断改善百姓出行条件的同时，中国铁路也正在成为区域经济发展的新引擎，引领区域经济走向智能、环保、低碳的新发展模式，其服务水平不断在提高，从而让旅客出行时更舒心。无论是在缓缓行驶的绿皮火车上，还是在高速奔驰的"复兴号"动车组上，铁路部门始终秉持"以服务为宗旨，待旅客如亲人"的服务精神，急旅客之所急，想旅客之所想：从"小窗口"到"大数据"，网络购票、自助取票，窗口前不再出现"彻夜长龙十八弯"；从"备齐口粮"到"动动手指"，高铁外卖美食上车，泡面"无冕之王"的地位被撼动；从"走得了"到"走得好"，刷脸进站、站车 Wi-Fi、座椅可调节、列车上过节、旅游专列及线上线下的便民"黑科技"，不仅提高了服务效率，还极大地改善了大家的出行环境。

　　改革开放 40 多年来，特别是党的十八大以来，铁路改革发展实现了历史性突破，取得了历史性成就："复兴号"奔驰在祖国广袤的大地上，"'复兴号'高速列车迈出从追赶到领跑的关键一步"成为诠释"中国速度""中国智慧""中国奇迹"的精彩篇章；铁路科技创新取得重大突破，成功构建具有完全自主知识产权的高速、普速、重载三大领域铁路技术标准体系，铁路总体技术水平迈入世界先进行列，部分达到世界领先水平。而追踪和把握中国高铁发展战略和技术创新成果，及时有效地将中国高铁的技术创新、科学思想、发展理念、未来愿景普及给社会大众，以在全社会形成了解铁路、热爱铁路、支持铁路的舆论环境，是中国铁路科普工作的责任、使命和义务。本书是在四川省科学技术厅的关怀和资助下，经过资料收集、社会调查后认真整理而成的。感谢四川省科普培训项目(2020JDKP0032)对本书的资助。本书既有理论基础，又有实证分析，可作为高速铁路从业者和社会大众的科普用书。

参与本书编写的还有王子依、杨丽蒙等，参与研究的还有陈钉均、陈韬、吕苗苗、李雪婷等，他们都为本书的完成提供了许多成果和经验。在此，对他们表示衷心的感谢。

在资料收集、调研和写作过程中，笔者得到了四川省科学技术厅、西南交通大学等单位有关领导、专家和学者的大力支持和热忱帮助，在此谨向他们表示诚挚的谢意。

本书参阅了许多国内外著作、学术论文等资料，在此谨向有关资料的作者表示衷心的感谢。

由于水平有限，不妥之处敬请批评指正。

目　　录

第 1 章　中国高铁为什么世界领先?

▶ 1. 为什么中国高铁走这样的发展之路？

高速铁路,指设计标准等级高、能让列车高速运行的铁路系统。世界上第一条高速铁路是 1964 年建成通车的日本东海道新干线,它连通了大阪、名古屋、东京所在的日本三大都市圈,促进了日本的高速发展。高速铁路初期设计速度标准为 200km/h,后来随着技术不断进步,不同时期不同国家对高速铁路有了不同的定义,并根据本国情况制定了本国高速铁路的详细技术标准,其涉及的列车速度、铁路类型等不尽相同。

中国国家铁路局于 2014 年 12 月发布的《高速铁路设计规范》(TB 10621—2014)将高速铁路定义为新建设计时速为 250(含)～350(含)km,运行动车组列车标准轨距的客运专线铁路。国家发改委(全称中华人民共和国国家发展和改革委员会)将中国高铁定义为时速在 250km 及以上的新线或既有线铁路,并于 2016 年 7 月颁布了《中长期铁路网规划》,其中将部分时速 200km 的轨道线路纳入中国高速铁路网范畴,高速铁路主通道规划新增项目原则采用时速 250km 及以上标准(地形地质及气候条件复杂困难地区可以适当降低),其中沿线人口城镇稠密、经济比较发达、贯通特大城市的铁路可采用时速 350km 标准。区域铁路连接线原则采用时速 250km 及以下标准。城际铁路原则采用时速 200km 及以下标准。

目前,中国铁路根据设计速度一般可分为高速铁路(250～350km/h)、快速铁路(160～250km/h)、普速铁路(80～160km/h)。高铁时代中国铁路宏观层次上的新等级从高到低依次是:高铁级、国铁Ⅰ级、国铁Ⅱ级、国铁Ⅲ级和国铁Ⅳ级。中国高速铁路全部为高铁级,快速铁路则以中高标准的国铁Ⅰ级为主,以低标准的高铁级为辅[1]。

高速铁路自 1964 年在日本发端后,在西方国家走过了漫长的发展道路,其

1

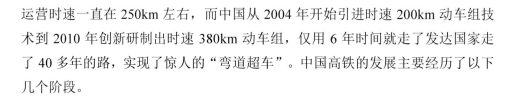

运营时速一直在 250km 左右，而中国从 2004 年开始引进时速 200km 动车组技术到 2010 年创新研制出时速 380km 动车组，仅用 6 年时间就走了发达国家走了 40 多年的路，实现了惊人的"弯道超车"。中国高铁的发展主要经历了以下几个阶段。

1）探索试验与技术积累阶段（改革开放后至 2003 年）

20 世纪 80 年代，我国开始着手研究高速铁路建设，在对"要不要建设高速铁路""如何建设高速铁路""以什么样的标准建设高速铁路"等多个问题进行初步研究后，我国不仅开展了多条线路[如秦沈客运专线（中国第一条高速铁路）、广深准高速铁路等]的试验与运营实践，还研发制造了"先锋""蓝剑""中华之星"等不同类型的国产高速列车，其中最具代表性的为"中华之星"。

"中华之星"电力动车组是由国家计委（全称国家发展计划委员会，已撤销，现已并入国家发展和改革委员会）立项、铁道部（中华人民共和国铁道部）主持以及中国北车集团和中国南车集团（现已合并为中国中车集团）参与研制的，其在 2000 年立项时正处于京沪高铁高速轮轨与磁悬浮路线之争的背景下，该车型最高运营时速达到 270km，其在中国第一条铁路快速客运专线——秦沈客运专线上的冲刺试验更是创造了当时的"中国铁路第一速（321.5km/h）"。在"中华之星"的研发过程中，我国在动车组制造的系统集成、动力系统、高速制动系统、转向架等多个方面实现了很大的技术性突破。然而，"中华之星"在试验和运行中却多次出现故障，并暴露出轴温过高等问题，这影响了行车安全。最终，铁道部停止对该车型的继续投资，项目被迫停止。如今，我国生产的第一列"中华之星"列车被保存在中国铁道博物馆，另有部分列车作为永久性展出产品存放在沈阳北动车运用所和沈阳苏家屯铁路陈列馆。"中华之星"与国外先进产品的差距表明，当时我国高铁领域的技术、材料、工艺等普遍落后。

2）国外技术引进和消化吸收阶段（2004～2007 年）

2003 年，中国高速铁路确立"市场换技术"基本思路，通过与国外企业合作，整体引进先进技术，并在运营过程中逐步消化吸收，实现国产化。2004 年的《中长期铁路网规划》，进一步确定引进少量原装部件、国内组装散件和国内生产的项目运作模式。

2004 年 6 月,铁道部为第六次大提速进行时速 200km 动车组招标,德国西门子、加拿大庞巴迪、日本川崎和法国阿尔斯通都参与了竞标。除西门子因技术问题而未能中标,其他国际企业均与各自的中方合作企业中标,进而研发出之后的 CRH1(加拿大庞巴迪)、CRH2(日本川崎)、CRH5(法国阿尔斯通)三类车型。

经过本轮引进与合作,我国成功打通了材料和部件引进渠道,并实现了核心部件在制造上的本土化。但是由于外方的技术垄断,我国并不具备自主研发能力。

2005 年,铁道部计划引进设计时速 300km 及以上的动力分散型动车组。本轮生产的 CRH2C 型动车组其技术引进自日本川崎生产的新干线列车车型,并在很多领域都有改善,如列车牵引电机功率提升、传动比改进带来总牵引功率提升以及车体结构得到优化、降噪、转向架得到改良等。

至此,在铁道部的统筹下,中国企业通过两轮大规模技术引进成功吸收了日本、法国、加拿大的高铁技术,实现了技术积累,我国的高铁技术达到世界先进水平[2]。

中国高速铁路标志

3)自主创新阶段(2008～2011 年)

2008 年,铁道部提出研制新一代时速 350km 及以上的高速列车,以形成中国完全自主的高速列车技术及装备、产业化能力和运行服务能力。为实现最高运营时速 380km、持续运营时速 350km 这样的宏伟目标,我国充分发挥举国体制优势,将企业、高校、科研院所、重点实验室和工程研究中心通过国家科技支撑计划项目组织起来,以突破关键技术,生产重点产品和零部件,并由此成功研制出 CRH380 系列动车组。其中,南车四方生产的 CRH380A 型动车组,自主化程度最高。2012 年,南车四方中标香港高铁项目,包括原技术引进方日本川崎在内的其他国际企业并未提出有关知识产权的异议,这是对我国高铁装备自主研发能力的有力肯定。

北车集团也开发出诸多车型，如在 CRH3C 的基础上通过创新发展起来的 CRH380BL、能够在-40℃气温下运营的 CRH380B 高寒型动车组，以及在车头、牵引传动系统两个方面实现重大突破的 CRH380C 新型动车组。

CRH380A

4) 新一代技术研发与"走出去"阶段(2012～2015 年)

2012 年科技部(全称中华人民共和国科学技术部)出台的《高速列车科技发展"十二五"专项规划》提出，要"形成基于永磁电机的新型牵引传动系统技术、标准和装备体系"以及"适应并引领世界高速列车牵引传动模式的技术和装备战略转型"。此外，国家层面也开展了更多前瞻性、技术性、理论性研究，设立了研究在时速 500km 条件下高速列车基础力学问题的"973 项目"，并研发出更高速度(如 CIT500)试验列车。

2015 年 6 月，中国 CR 系列标准动车组下线运行，该系列车型实现了动力、变流、网络控制等关键系统及部件的自主化，完全摆脱了 CRH380 系列中日德技术的影子，采用的中国国家标准、行业标准以及技术标准涵盖了动车组基础通用、车体、走行装置、司机室布置及设备、牵引电气、制动及供风、列车网络标准、运营维修等 13 个方面。

我国高铁装备产业在满足国内需求的同时，大力实施"走出去"战略，在国际市场的角逐中取得了一系列成绩：2014 年 7 月，中国铁建(全称中国铁建股份有限公司)总承包的土耳其安伊高铁二期正式通车；2015 年 10 月，我国与印度尼西亚正式签署了组建中印尼合资公司协议，负责印度尼西亚雅加达至万隆高速铁路项目的建设和运营；2015 年 11 月，我国出口到马其顿的动车组在当地通过测试，这是我国第一单出口到欧洲的动车组；2015 年 11 月，中老(中国—老挝)昆万铁路举行项目签约仪式，标志着中老铁路正式进入实施阶段。

5)高铁发展迈入新征途(2015 年至今)

2019 年 12 月，"复兴号"智能动车组在京张高铁进行试运营。"复兴号"智能动车组由中国自主研制，具有完全自主知识产权，有 CR400AF 和 CR400BF 两个型号，车体外观分别采用"瑞龙智行"和"龙凤呈祥"图案，同时，车顶采用平顺化设计，采用全包外挡风玻璃，该设计可大幅降低运行阻力，CR400AF 定员载荷在 350km/h 时阻力比 CRH380A 降低 12.3%，CR400BF 比 CRH380B 降低 7.5%。2021 年 6 月 25 日，"复兴号"智能动车组集中上线运行，同时扩大开行范围，现已覆盖 31 个省(区、市)。

中国标准动车组"复兴号"

我国具有全球最大的高铁市场，我国的高铁技术在一些领域处于国际一流水平。然而也应注意到，技术的发展、产品的更新、市场的变化日新月异，在日、德、法、加等国的各大企业积极抢占高铁领域制高点的同时，我们不能对以往的成绩沾沾自喜，不能对未来的发展掉以轻心，更不能停下技术研发和市场开拓的脚步。我们要保持冷静的头脑，充分认识我国高铁领域存在的不足和问题，加大投入、不断创新、弥补短板、打造品牌，以在未来引领全球高铁装备行业的发展。

▶ 2. 为什么中国选择建设高铁？

中国国家铁路局 2014 年 12 月发布的《高速铁路设计规范》（TB 10621—2014）将高速铁路定义为新建设计时速为 250(含)~350(含)km，运行动车组列车标准轨距的客运专线铁路。但是曾经很长一段时间，中国铁路的时速始终提不上去。虽然中国铁路从 1997 年 4 月 1 日到 2007 年 4 月 18 日共进行了 6 次大提速，10 年间，全国铁路主要干线列车最高运行速度提高到 160~200km/h，但直到 2002 年，中国铁路旅客列车平均时速只有 50km 左右，营业里程为 7.2 万 km，人均铁路长度仅为 5.5cm，铁路日装车需求量最高达 30 万辆，而铁路日装车提供量只有 10 万辆左右。因此，推进中国铁路建设，特别是推进快速铁路、高速铁路的建设刻不容缓，但建设过程困难重重，其中最具代表性的是京沪高铁的建设。京沪高铁自《京沪高速铁路线路方案构想报告》于 1990 年正式完成后开始预研，但直到 2008 年才正式开工。为什么花了 18 年时间才正式开工呢？这是由于当时中国高铁建设存在争论。在这场争论中，有"建设派"和"反建派"，"建设派"又分为"轮轨派"和"磁悬浮派"，虽然这场争论历时 18 年，但从此中国高铁的发展有了清晰的思路和方向。

1994 年 6 月 10~12 日，中国高速铁路技术发展战略讨论会在北京香山召开。此次会议的召开就是为了讨论京沪高铁的建设，在这次会议上，"建设派"与"反建派"、"轮轨派"与"磁悬浮派"代表人物齐聚，并就各自的观点进行了激烈交锋。

"建设派"主张，京沪高铁建设越快越好。专家建议京沪高铁在 1995 年开建，力争 2000 年通车。而"反建派"认为现有的京沪铁路技术改造潜力还很大，不需要新建铁路，再加上中国经济不发达，普通百姓消费水平不高，出行不会选择高铁，因此主张京沪铁路进行电气化改造，建议中国建设加拿大、英国那样的摆式列车。

在"建设派"中，"磁悬浮派"代表人物分别以"超导磁体技术与应用的进展"和"关于我国高速铁路发展战略的建议"为题进行了演讲，他们都主张建设磁悬浮列车。

2007 年 8 月国务院正式批复京沪高铁的可行性研究报告，结束了"建与不建""是建设轮轨列车还是磁悬浮列车"这场漫长的争论。可以说，京沪高铁的建设，是中国高铁发展史上在理论与技术方面最重要的探索与实践之一。在整个研究和建设过程中，所有专家学者都在用自己的学识与热忱为中国铁路事业贡献力量。

▶ 3. 为什么说中国高铁领先世界？

高铁是交通运输现代化的重要标志，也是一个国家工业化水平的重要体现。我国高铁发展虽然比发达国家晚 40 多年，但依靠党的领导和新型举国体制优势，经过几代铁路人持续奋斗，实现了从无到有、从追赶到并跑再到领跑的历史性变化。

2008 年我国第一条设计时速为 350km 的铁路——京津城际铁路建成运营，此后一大批高铁相继建成投产。特别是党的十八大以来，我国高铁发展进入快车道，成功建设了世界上规模最大、现代化水平最高的高速铁路网，发展速度之快、质量之高，令世界惊叹。

1）运营里程世界最长

截至 2021 年底，我国高铁营业里程突破 4 万公里，占世界高铁总里程的 2/3以上。其中时速 300～350km 的高铁运营里程 1.57 万公里，占比 39%；时速 200～250km 的高铁运营里程 2.44 万公里，占比 61%。

2）商业运营速度世界最快

目前，在京沪、京津、京张、成渝等高铁线路上，"复兴号"以时速 350km运营。我国是世界上唯一实现高铁以时速 350km 进行商业运营的国家，为世界树立了高铁商业化运营标杆，以最直观的方式向世界展示了"中国速度"。

3）运营网络通达水平世界最高

从林海雪原到江南水乡，从大漠戈壁到东海之滨，我国高铁跨越大江大河、穿越崇山峻岭、通达四面八方，"四纵四横"高铁网已经形成，"八纵八横"高铁网正加密成型，高铁已覆盖全国 92% 的 50 万人口以上的城市。

4）形成具有自主知识产权的世界先进的高铁技术体系

目前，我国已形成涵盖高铁工程建设、装备制造、运营管理三大领域的成套高铁技术体系，我国高铁技术水平总体上迈入世界先进行列，部分领域达到世界领先水平。

第 2 章　国外高铁的为什么

▶ 4. 为什么德国高铁速度提不上来？

德国高铁最高运营时速可以达到 320km，但在实际运营过程中，大部分列车时速仅为 160～220km。德国高铁与中国高铁最大的不同在于，线路建设与运营模式不同。和其他欧美发达国家相似，德国原本就拥有十分发达的既有铁路网，而且其人口在全国范围内的分布较为均匀，缺乏人口高度密集的超级大城市，即便是柏林、汉堡、法兰克福这样的世界名城，其人口规模也小于甚至远小于东亚圈的北京、东京、首尔。

1) 线路建设不同

德国没有为高铁建立独立的轨道网络。与中国高速铁路以新建专用的高速线为主不同，德国采取的是部分新建高速线与部分改造既有线衔接、高速列车与普通列车乃至货运列车混跑的模式。德国高速铁路网中只有一部分线路是新建专线，新建线路并没有连接成网络，而是通过提速改造既有线相互衔接。

2) 运营模式不同

与中国高速铁路基本为高速列车专用不同，德国高速铁路上不同等级列车混跑，特别是在既有线改造区段，高速列车[如 IC（Inter City，城际快车）、EC（Euro City，欧洲城际快车）等城际快车]与普通列车甚至市郊通勤列车及货物列车并线运行，这在提高线路利用率的同时，也造成不同等级列车相互干扰、容易加剧晚点等问题。

德国不同区段列车速度也不一致，可分为 160km/h、200km/h、250km/h、300km/h 4 个不同的等级，由于存在大量限速区域，且人口密度均匀、缺乏大城市、高铁站点设置得较密集，因此，列车运行速度往往并不快。

3）国情不同

德国国土面积较小，虽然人口密度较高，但人口分布相对分散，中大城市人口较多，城市间的距离较近，高铁在运行途中往往需要频繁停车，每次停车都会影响车速。有研究人员在大规模试验中发现，列车司机可通过提高车速追回在线路上所耽搁的时间，但是追回的时间又会在进入大型火车站前被耗尽。此外，德国拥有发达的道路公共交通，很多高速公路是不限速的，因此，旅客更倾向于选择道路公共交通方式出行。

▶ 5. 为什么美国不大力修建高速铁路？

美国被称为"汽车轮上的国家"，加上短途航空发达，铁路不是旅客出行的首选。相比错综复杂的公路网，美国的铁路网略显稀疏，其中高速客运线路基本集中在东北部，美国高速铁路发展十分缓慢。究其原因，主要有以下几点。

（1）总体上人口密度低，市内交通工具以私家车为主，城市间的交通以航空为主。高人口密度可保证上座率和对运输的大量需求，从而进一步增加列车班次，提高发车频率，但美国总体上人口密度并不高，因此并没有因为运力紧张而提高运输速度的需求。同时，长期以来，美国人的出行方式已经固化，即中短距离选择私家车出行，中长距离坐飞机出行。

（2）美国铁路的体制相对特殊。美国铁路主要靠货运盈利，美国铁路的信号系统、技术规格等都根据货运设置，且货运列车永远享有优先通过权，从而导致旅客列车在提速方面存在巨大困难。

（3）美国的法律体系独特。在高铁建设过程中，美国常常出现因为民众起诉而影响项目的情况。例如，在加州高铁建设过程中，由于几名中部的农民将加州高铁局（全称加利福尼亚高速铁路管理局）告上州法院并胜诉，导致加州政府无法通过发行债券筹集资金，只得挪用碳交易的收入来启动项目。同样的原因，美国修建高铁时的拆迁成本也非常高。

▶ 6. 为什么西班牙高铁运营里程世界第二？

西班牙拥有仅次于中国，规模在全球排名第二的高铁网络，截至 2020 年，西班牙高铁线建设达 5525km，西班牙高铁的发展也经过了从技术引进到自主研发的过程。

西班牙的第一条高铁马德里—塞维利亚线于 1992 年正式开通运营，此高速铁路极大地拉近了马德里同塞维利亚的距离，促进了当地经济的快速发展，也为沿线带来了极大的人流、物流、信息流。21 世纪初，西班牙的高铁建设迎来了一个高峰期，连接国内前六大城市的高铁线路均在这一时期建成，西班牙也基本形成了以马德里为中心辐射全国的高铁网络。

西班牙人口分布呈"甜甜圈"状，其主要分布在中部的马德里、东北部的巴塞罗那、东部的瓦伦西亚和南部的塞维利亚等地区，因此高铁的建设也主要以西班牙首都马德里为中心，向周边主要沿海城市扩散，从而形成贯穿全国的高铁网络。

▶ 7. 为什么日本高铁无安检？

新干线是日本的高速铁路系统，也是全世界第一个投入商业运营的高速铁路系统，采用 1435mm 标准轨距，全线均为纯客运服务。截至 2020 年，日本新干线共有 9 条线路，其中包含 2 条距离较短的迷你线路，它们将日本大多数重要都市连接起来。新干线最初由日本国有铁道(简称日本国铁)研发与运营，日本国铁分割民营化后由日本铁路公司(Japan Railways，JR)接手，并分别由该公司旗下的 JR 北海道、JR 东日本、JR 东海、JR 西日本、JR 九州等 5 家成员公司提供服务。

日本新干线不进行严格的安检。对此，相关学者认为，在东京站这种乘客众多的大站，进行全员安检是非常困难的，此举不仅会增加进站时间，而且需要配备大量的工作人员，而日本较高的人工费将导致安检总体成本过高。

1）成本过高

相关数据显示，如果新干线引入类似机场使用的安检设备，那么票价将有一定幅度的上涨。以东海道新干线的东京站为例，为缩短排队长度，则需要设置约80个检票通道，每个通道需要配备 3～4 名工作人员。东海道新干线从东京到鹿儿岛一共有 46 个车站，若每个车站都配备与乘客人数对应的检票通道、安检设备、工作人员，则需要扩大车站内部空间，那将需要极其庞大的成本。

2）便利性降低

新干线的一大优势就是便利快捷。很多日本乘客会选择在列车出发前的几分钟进站，因为列车时刻表误差很小，乘客可以准确把握自己的出行计划。如果新干线引入完备的安检，那么将会为旅客出行计划增加很多不确定性因素，由于安检时排队时间的增加，会大大降低新干线的便利性和快捷度。

事实上，近几年来新干线不断有安全事故发生：2015 年一名男性乘客浇汽油自焚；2018 年 6 月 9 日夜晚，在日本东海道新干线的车厢内，一名歹徒持刀砍向身边的乘客，2 名女性和 1 名男性乘客受害，随后嫌犯以"杀人未遂"罪名被警方逮捕。因此，如何在不进行安检的情况下防止类似伤害事件的发生，成为新干线接下来面临的重大考验。

▶ 8. 为什么德国不设检票口？

在德国，乘坐城铁、地铁、巴士和区间列车必须在检票时持有效票证。这些列车实行车上检票，但一般（一些城市和 21:00 后的巴士除外）采用抽查的形式。在德国，逃票不是违规，而是犯罪，其属于"利益欺诈"这一类的违法行为。根据德国刑法，乘客若逃票，理论上可以被处以最高一年有期徒刑。不过通常情况下，乘客逃票被查出后，仅会被处以 60 欧元的罚款。

如果忘记买票或者买票后忘记检票，也会被当作逃票处理。不过，如果有月票、学生票，但是忘记携带了，则可以向检票员说明，且只需要补交处理费即可，不会被当作逃票记录下来。

如果逃票被查到了，检票员会要求逃票者与其一起下车，接受登记和罚款。

这时，如果逃票者在尚未接受登记前试图逃跑，检票员则有权暂时扣留逃票者，并通知警察。不过，检票员不能使用暴力(除非出于自卫)，也不能对逃票者搜身。

德国售票机

因为查票的时间随机，再加上德国对逃票行为处罚比较重，故逃票者数量不多。此外，德国的人工成本太高也是德国不设安检口的原因之一，德国人口密度相比中国低很多，将大量资金投入检票口设置和工作人员配置是不切实际的。

▶ 9. 为什么印度高铁发展缓慢？

印度铁路的客运量非常庞大，印度铁路系统在世界各国中是客运量较多的铁路系统之一。近年来印度也在不断发展铁路，其有着建设多条高铁的宏伟蓝图。

印度在 2019 年 1 月推出了"半高铁"列车，此列车被印度铁道部命名为"范德·巴拉特快车"（Vande Bharat Express），意为"致敬印度"。其最高试验时速 180km，目前运行时速 130km。列车始发站为新德里火车站，终点站位于北方邦东南部的圣城瓦拉纳西，两者距离约为 800km，设计耗时约 8h，比原来最快的列车节省 3h。车身呈流线型设计，主体为白色，配有蓝色镶边，共有 16 节车厢，共可搭乘 1128 名乘客：一等车厢可乘坐 52 人，全程票价格 3310 卢比(约合人民币 278 元）；二等车厢可搭乘 78 人，全程票价格为 1760 卢比（约合人民币 148 元）。票价包含餐费。

　　然而，自开通以来印度"半高铁"列车故障频发。例如，列车在距首都新德里大约 200km 的栋德拉附近发生故障并停止运行，当天经过修复后在回新德里的途中又撞上铁轨上的牛群，导致再次出现故障。

　　按照目前国际通行的标准，只有运营速度超过 200km/h 的铁路才可以被称为高铁，"致敬印度"列车之所以被称为"半高铁"列车，一是因为其速度不达标，二是因为其只对列车本身做了升级，铁轨依然沿用了既有的线路。此外，高铁沿线必须实行"全封闭管理"，其普遍设有高度在 1.8m 以上的防护栅栏和滚筒，以防止牲畜、家禽进入栅栏内。

　　铁路系统是一个庞大而复杂的系统，除了高铁列车本身外，信号系统、铁路安全管理系统和列车维修体系都必须装备齐全，任何环节出现问题都会酿成大祸。只有建立起完备的管理体系，高铁才能实现平稳发展。

印度"半高铁"列车

▶ 10. 为什么世界各国的高铁轨距不一样？

　　轨距（rail gauge）是指铁路轨道上两条铁轨（钢轨）之间的距离［以铁轨（钢轨）的内距为准］。现在全世界有多种不同的轨距，即普通轨距、宽轨距、窄轨距。

国际铁路协会在 1937 年将 1435mm 作为标准轨距，世界上 60%的铁路其轨距是标准轨距。普通轨距又称为标准轨距或国际轨距。比标准轨距宽的轨距称为宽轨距，比标准轨距窄的轨距称为窄轨距。双轨距铁路或多轨距铁路铺有 3 条或 4 条铁轨(钢轨)，使用不同轨距的列车可以在上面行驶[3]。

世界各国铁路中凡直线轨距等于 1435mm 的为标准轨距；大于 1435mm 的为宽轨距，如 1676mm、1524mm、1520mm 等；小于 1435mm 的为窄轨距，如 1067mm、1000mm、762mm、600mm 等。中国铁路主要采用标准轨距，只有台湾地区(1067mm)和昆明—河口段(1000mm)铁路采用窄轨距。印度、巴基斯坦、阿根廷、智利等国主要采用 1676mm 的宽轨距；俄罗斯采用 1520mm 的宽轨距；日本一般的铁路采用 1067mm 的窄轨距，东海道、山阳等新干线则采用 1435mm 的标准轨距；美国、加拿大及欧洲大部分国家都采用 1435mm 的标准轨距；加纳、刚果、坦桑尼亚、赞比亚等国采用 1067mm 的窄轨距，几内亚、喀麦隆等国采用 1000mm 的窄轨距，埃塞俄比亚、吉布提等国采用 1435mm 的标准轨距。

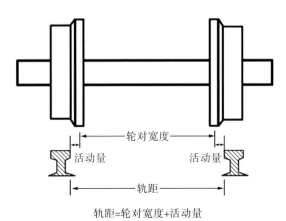

轨距=轮对宽度+活动量

轨距示意图

标准轨距由最先使用铁路的英国提出。设计并建造斯托克顿—达灵顿铁路的英国工程师乔治·斯蒂芬森提出用 4 英尺 8½英寸①(即 1435mm)的轨距，并成功说服火车制造商生产使用该轨距的车辆。斯蒂芬森设计的铁路成为众人模仿的对象，从而使该轨距变得流行起来。1845 年，英国皇家专员建议将 4 英尺 8½英寸

_____

① 1 英尺=0.3048m；1 英寸=0.0254m。

作为标准轨距。翌年英国国会通过法案，要求将来所有铁路都使用标准轨距。除了英国的大西部铁路(Great Western Railway)使用宽轨距之外，英国的主要铁路都使用标准轨距，大西部铁路也于1892年改为使用标准轨距。

有关4英尺8½英寸轨距的来源，有人认为它是古罗马的战车轮距，也有人认为，可能是因为早期铁路的轨道外侧距离为5英尺，而铁轨顶宽为1¾英寸，故内侧轨距为4英尺8½英寸。

随着各国开始寻求扩充和统合国内各地的铁路网络，轨距在未来可能会进一步标准化。宽轨相比窄轨，其在性能上没有十分明显的优势：

(1)世界上载重最大的货车可以在美国及澳大利亚的标准轨上运行，宽轨的载重不一定更大。

(2)高速铁路全都采用标准轨，宽轨不一定更快。

(3)在澳大利亚昆士兰及南非的窄轨(1067mm)铁路上运行的列车载重依然很大，窄轨的载重不一定更小。

(4)建造标准轨的铁路与建造窄轨的铁路，价格相差不大。

(5)窄轨铁路也可以达到与标准轨铁路一样的载重。

只有轨距小于1000mm的窄轨其铁路建造成本才会略低于标准轨。但这类轨的运载能力有限，通常只在运载量有限的登山铁路中使用。

▶ 11. 为什么德国有这样的购票系统？

在高速铁路开通之前，德国铁路普遍采取政府定价模式，高速铁路投入运营之后，德国铁路逐步采用市场调节价，德国高铁运营企业对运价制定拥有充分的自主权。例如，德国铁路股份公司以市场需求为导向，采用灵活的定价机制，在执行市场调节价后，其旅客运输业务已持续盈利多年。

德国客运列车主要分为三类：区域列车[RB(Regional Bahn，区间列车)、RE(Regional Express，区域快车)和IRE(Inter Region Express，地区特快列车)的统称]、城际列车IC和城际特快列车ICE(Inter City Express)。区域列车属于德国的短程列车，一般只在一个联邦州内运行，或跨越两个联邦州；也有专门为游客设置的观光车次，这些车次的列车可以跨越多个联邦州。

德国的售票途径十分多元化，且各种主要售票方式的占比情况相对来说较为均衡。与日本票种一样，德国票种也十分多样化，除了单程票、往返票等常见票种外，还有团体票、月票、家庭票等新形式的票种。Bahn 卡是德国铁路股份公司发行的一种预充值智能乘车卡，乘客除了可以像使用地铁卡一样在欧洲 30 多个国家乘坐各种线路以外，还可以根据支付的不同年费享受不同的票价折扣优惠（优惠折扣为 25%～50%，支付最高的年费可以全年免费乘车）。德国铁路的车票主要分为三种：灵活价格票（flexpreis）、特价优惠票（sparpreis）、其他特价票（andere sonderangebote）。

不同票种各有各的优点，也各有各的缺点。使用全德票可以在一天之内花 44 欧元在德国境内乘坐任何班次的短程列车。周末票和全德票一样覆盖德国全境，但也只限于短程列车，其优势在于有效期为周六和周日两天，且票价较全德票略低，为 40 欧元。同时，德国铁路也提供网络购票，乘客可以在网上购买车票。（票价可能浮动且购票规则可能发生变化，请以实际为准）

德国联邦铁路局车票网购页面

第3章　高铁技术设备的为什么

▶ 12. 为什么路基要像机场跑道一样平顺？

路基指的是一种土石结构，主要分为填方路基(也称为路堤)、挖方路基(也称为路堑)和半填半挖路基。

高铁路基采用优质填料分层压实，具有足够的强度、刚度；基础部分稳固不下沉。路基排水系统能够保持路基平顺，使路基能经受得住天寒地冻和雨水冲刷等恶劣条件的考验，保证路基长期稳定安全[3]。

高速铁路列车运行速度可以达到飞机起飞前的速度，如果路基面不平顺，就会引起轨道不平顺，使列车剧烈震动和颠簸，影响列车高速、平稳、安全运行。

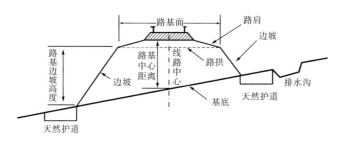

(a)路堤

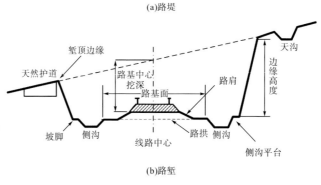

(b)路堑

路基示意图

首先，路基在填筑后就会像其他任何建筑物一样下沉，而轨道系统可调节范围有限，所以路基下沉要控制在毫米级。

其次，铁路线路由桥梁、隧道、路基共同组成，它们之间连接结构不同，下沉规律也不同，为避免出现类似于高速公路"跳车"的现象，连接处采取了过渡措施，以使铁路纵向下沉被控制在 5mm 以内。

高速铁路路基与普通铁路路基的本质区别在于：高速铁路路基基床表层厚度更厚，压实标准和填料及路桥过渡段的刚度要求更高。此外，普通铁路采用有砟铁轨，高速铁路采用无砟铁轨。

▶ 13. 为什么高铁能无噪声运行？

高铁可以做到无噪声运行，是因为高铁的铁轨是无砟轨道（直接用混凝土固定铁轨），并且线路采用无缝设计，其间大量使用空气弹簧和液压减震设置，从而使车辆运行产生的震动大幅度减少。

无砟轨道相较于传统的有砟轨道，更能为列车提供高速平稳行驶的条件。众所周知，有砟轨道能够满足普通列车的运行需要，同时能够提供较大的承载力，但其平顺度远不能达到高速列车行驶要求。当列车运行速度过快时，列车长时间运行会使道砟严重粉化，粉化后飞溅的道砟会影响列车和轨旁设备的安全运行。

中国自 20 世纪 90 年代开始从国外引进并研究无砟轨道技术，目前该技术已在我国高速铁路建设中得到广泛应用，我国高铁技术已处于世界领先水平。

无砟轨道板的生产对混凝土的

无砟轨道

要求极高，满足要求的轨道板具有足够的强度，可以承受列车在高速运行时产生的冲击。无砟轨道板的施工安装更是一项极大的挑战，为满足列车高速(300km/h以上)行驶的要求，无砟轨道要绝对平顺，施工中要使用精调机在三维空间中实现对轨道板的精确定位，并将精度控制在 0.3mm 以内[4]。同时，无砟轨道具有较高的稳定性，使用寿命长，后期的维护工作较少。当然，其建设成本和施工技术要求都要高于传统有砟轨道。

无缝线路指的是用焊接长轨条铺设的轨道，长轨条没有轨缝。无缝线路有温度应力式及放散温度应力式两种。目前，世界各国大多采用温度应力式无缝线路。

在无缝线路方面，解决热胀冷缩的温度应力问题，依靠以下几种方式：

(1)完善温度监控设备。由于无缝线路中钢轨所能承受的温度力的大小和轨温的变化有直接关系，所以锁定钢轨时必须正确合理地选择锁定轨温，以保证无缝线路的钢轨冬天不被拉断，夏天不胀裂轨道，避免危及行车安全。就北京地区而言，一般最高轨温为 62.2℃，最低轨温为-22℃，中间轨温为 19.9℃。根据无缝线路强度和稳定性计算可得出，北京地区最佳锁定轨温为 24℃，实际允许的锁定轨温为 19～29℃。

(2)制造工艺上要降低热胀冷缩效应。首先把不钻孔、不淬火的 25m 长的钢轨，在基地工厂用气压焊或接触焊的办法焊成 200～500m 的长轨，然后运到铺轨地点，再焊接成 1000～2000m 的长轨，其被铺设到线路上后，线路就成为一段无缝线路。铺设时也要选择适当的温度，使伸缩值最小。

(3)把铁轨锁定在枕木上，使其应力被强制锁定。在温差大的地区，还要定期放散应力。我国主要采用高强螺栓、扣板式扣件或弹条扣件等对钢轨进行约束。

▶ 14. 为什么高铁列车一般都有 8 节或者 16 节车厢？

目前，我国高铁站台的长度一般为 450m，出于安全等因素的考虑，高铁列车车厢一般为 8 节或 16 节。

(1)动车组列车每列 8 节编组。起初我国的高铁原型车是从国外引进的，在从引进到国内技术整合的过程中，我国规定动车组列车统一每列 8 节编组，总长约 200m。

(2)动车组列车重联运行时有 16 节车厢。我国大部分动车组列车单列只有 8 节车厢，而当客流量较大时，为了增加运能，两列动车组列车会首尾连接起来重联运行。动车组列车重联，就是两列相同型号的动车组列车联挂运行，重联后共 16 节车厢，运能提升 1 倍，春运等客运高峰期动车组列车重联尤为常见。重联的两列动车，前列和后列互不相通，如果乘客购买 9 号车厢的车票，则无法从第 8 节车厢走到第 9 节车厢。在春运等需要大运力的时期，平时 8 节车厢编组的"和谐号""复兴号"都能重联为 16 节车厢编组列车[5]。

动车组列车重联

2019 年春运，时速 350km 且由 17 节车厢编组而成的"复兴号"超长列车上线运行，其总长度达 439.8m，定员 1283 人，比由 16 节车厢编组而成的"复兴号"列车多 90 个座位。至此，我国列车编组形式扩展到 17 节车厢超长编组。

▶ 15. 为什么中国高速铁路桥梁这样多？

中国高速铁路桥梁比较多，有技术层面的原因，也有经济层面的原因，但归根结底，主要目的是为列车的平稳高速运行提供保障。

（1）使线路平直和平顺。所谓平直，即尽量采用直线或者半径较大的圆曲线，不能有太多太急的弯道。例如，时速350km的高铁就要求线路的圆曲线半径不小于7000m。而很多时候为了"截弯取直"，所以采用桥梁进行建设。所谓平顺，即不能有太多太大的起伏，这主要涉及坡度问题。

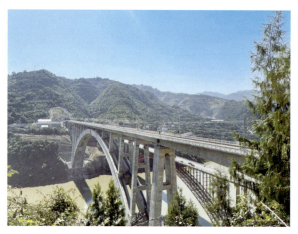

高铁桥梁

（2）使线路没有太大的沉降。我国高铁之所以建设速度快，一个很重要的原因就是线路上采用的桥梁较多。普通的填方路基是由特定的填料（黏土、碎石土等）填筑而成的，这些填料在填筑时较为松散，需要依靠机具压实到一定程度。但是由于填料本身的固有性质，即便机具压实后，填土也会继续发生一定程度的固结沉降。而在软土路基上填筑的路堤，还会有软土层的沉降。但桥梁则不同，桥梁是建立在桩基之上的。根据地质情况不同，桩基的深度也不一样，桩基一般深至岩石层，有些甚至达六七十米深，这样基本不会产生沉降。

（3）节约土地资源，力求少占用田地。例如，京沪高铁线路上80%是桥梁，这就比传统路基少占用土地至少3万亩[①]。

（4）提高线路的安全性、封闭性，解决与等级公路、城市道路等现有道路交叉和行人过道问题，减少风险。

"以桥代路"可以提高行车安全性，加快高速铁路建设速度。架桥技术和施工设备的进步，则有效提高了高铁桥梁的架桥速度。

---

① 1亩≈666.67m²。

▶ 16. 为什么铁路线路中的许多桥梁都在工厂生产？

桥梁作为高速铁路土建工程的重要组成部分，其主要功能是为高速列车提供平顺、稳定的桥上线路，以确保运营安全和旅客在乘坐时的舒适感。我国高速铁路线路中 90%以上的桥梁为中小跨度桥梁，且许多桥梁都在工厂生产，这是因为与传统现浇方法相比，工厂预制的桥梁在很多方面都具有优势。

高铁桥梁建设

（1）严格控制各种制梁条件，保证质量。在工厂预制桥梁，可以通过工厂标准化的施工程序、高精度的模板、严格控制各种制梁条件，保证预制桥梁的质量。

（2）提前预制，减少作业时间。采用传统的现浇桥梁的方法，在浇筑完成后需要等待水泥混凝土凝结硬化，否则无法进行后续施工，建设周期较长，而使用工厂预制桥梁的方法，可在进行桥墩施工的同时进行梁部施工、架桥机架设，从而减少作业时间、缩短建设周期。

（3）减少支架，提高安全系数。采用工厂预制桥梁的方法，只需配备装配工人和架桥机械设备便可完成桥梁架设。工厂预制桥梁的方法可以减少高空支架及模板的搭设，同时也可减少高空作业工人数量，提高安全系数。

（4）减少施工场地占用，性价比高。由于桥梁在工厂完成预制，因此在施工现场可以减少场地占用，节约交通疏解费用和安全文明措施费用；另外，还在一定程度上节约了人工成本和管理成本。虽然预制桥梁本身的造价会比现浇桥梁的造价高，但规模化生产之后，从总体上看，在工厂生产预制桥梁性价比更高。

▶ 17. 为什么列车高速通过隧道时会产生"呼"的声响？

高速列车进入隧道，前方的空气受到挤压，这种挤压状态的空气以声速传播至隧道出口骤然膨胀，产生一个被称为微气压波的次声波。这种微气压波会产生"呼"的声响。将隧道洞门设计成喇叭口形状并适当开孔，可使得这种挤压作用消减，减少噪声污染。同时，瞬变压力的减小能够提高旅客乘车舒适度。

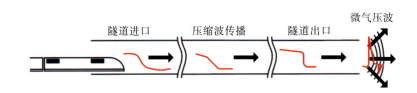

微气压波原理图

由于隧道洞口的地形、地质条件不同，洞门形式也有所不同，隧道洞门主要有如下几种。

1) 环框式洞门

当洞口石质坚硬稳定（Ⅰ～Ⅱ级围岩）且地形陡峻、无排水要求时，可仅修建环框式洞门，以起到加固洞口和减少洞口雨后滴水的作用。

2) 端墙式洞门

端墙式（"一"字式）洞门是最常见的洞门，它适用于地形开阔、石质较稳定（Ⅱ～Ⅲ级围岩）的地区，由端墙和洞门顶排水沟组成。端墙的作用是抵御山体纵向推力及支持洞口正面的仰坡，保持仰坡稳定。洞门顶排水沟用于将从仰坡上流下来的地表水汇集后排走。

3) 翼墙式洞门

当洞口地质条件较差（Ⅳ级及以上围岩）且山体纵向推力较大时，可以在端墙式（"八"字式）洞门的单侧或双侧设置翼墙。翼墙的正面起到抵御山体纵向推力，以及增加洞门抗滑及抗倾覆能力的作用;两侧面保护路堑边坡,起挡土墙的作用。翼墙顶面与仰坡的延长面相一致,其上设置有排水沟,用于将洞门顶排水沟汇集的地表水引至路堑侧沟内排走。

4)柱式洞门

当地形较陡(Ⅳ级围岩)、仰坡有下滑的可能性且又因受地形或地质条件限制而不能设置翼墙时,可在端墙中部设置 2 个(或 4 个)断面较大的柱墩,以增加端墙的稳定性。柱式洞门比较美观,适用于城市附近、风景区和长大隧道的洞口。

5)台阶式洞门

当洞门位于傍山侧坡地区且洞门一侧仰坡较高时,为了提高靠山侧仰坡起坡点,减小仰坡高度,将端墙顶部改为逐级升高的台阶形式,以适应地形特点,减小洞门圬工量及仰坡开挖量,同时可以起到一定的美化作用。

6)斜交式洞门

当隧道洞口线路与地面等高线斜交时,为了缩短隧道长度,减少挖方量,可采用平行于等高线且与线路斜交的洞口(洞门与线路中线的交角不应小于 45°)。一般情况下,斜交式洞门与衬砌斜口段应整体灌注。由于斜交式洞门及衬砌斜口段的受力复杂,施工也不方便,所以只有在十分有必要时才采用斜交式洞门。

7)喇叭口式洞门

为减缓高速列车的空气动力学效应,对于单线高速铁路隧道,一般会设置喇叭口式洞口缓冲段,同时让其兼作隧道洞门。

由于隧道洞口段受力复杂(除了有横向的垂直及水平荷载外,还有纵向的推力),所以中国国家铁路局 2017 年发布的《铁路隧道设计规范》(TB 10003—2016)规定:单线铁路隧道洞口应设置不短于 5m 的模筑混凝土加强衬砌,双线和多线隧道应适当加长衬砌长度;洞门宜与洞身整体砌筑。

综上所述,洞门的形式较多,洞门形式应根据洞口的地形、地质条件、所处的位置和隧道长度等确定。特别要注意的是,完成洞口施工后地形会改变。

▶ 18. 为什么高铁要用无缝轨道？

以往线路主要采用长度为 25m 的标准钢轨，相邻钢轨通过接头夹板连接，并留有几毫米至十几毫米长的轨缝。无缝线路是指把钢轨焊接成没有缝隙的长轨条，以京沪高速铁路为例，北京至上海长 1318km 的钢轨没有一个接缝：首先将钢厂生产的 100m 长钢轨焊接成 500m 长钢轨，然后将 500m 长钢轨运到现场焊接成 2km 长钢轨（即一个管理单元），最后再将相邻的 2km 长钢轨焊联起来，形成无缝线路[6]。

与普通线路相比，无缝线路具有连续的钢轨顶面，这保证了列车行进的平顺，减少了轨道部件的损伤，大幅减少了现场工作人员的养护维修工作。同时无缝线路经济效益显著，据有关部门统计，其至少能节省 15% 的经常性维修费用，延长 25% 的钢轨使用寿命。此外，车轮会对钢轨产生冲击，列车在运行速度过快时，会有脱轨的危险，因此，当列车的时速超过 140km 时，必须使用无缝线路。

▶ 19. 为什么高速铁路辐射对人体无害？

我国在高速铁路上运行的列车，使用的电力一般为 2.5 万 V、50Hz 的交流电。相应地，高铁的高压电力设备就会产生这个频率段的电磁辐射，但它属于极低频电磁辐射，完全不同于 X 光的电离辐射。

有电的地方就有辐射，普通的火车、地铁都有辐射，手机、剃须刀也都有辐射，太阳光同样有辐射。只要辐射值在一个安全范围内，辐射就不会对人体产生影响。国际非电离辐射防护委员会规定，高铁产生的磁场辐射的安全标准为 100μT（磁感应强度单位）以下，电场辐射的安全标准为 5kV/m 以下。北京铁路局专业人士曾专门对高铁车厢中的电场辐射进行过测量，并公开了测量数据：在不同类型列车的一等车厢、二等车厢、车厢连接处、驾驶室等位置，电场辐射值在 0.011～0.021kV/m 范围内。比对数据后不难发现，中国高铁的电磁辐射量远远低于国际标准，这些电磁辐射根本不可能对人体造成伤害。

高铁列车车厢内部的电磁辐射主要来源于车厢底部的牵引电机。国产高铁列车车厢的金属外壳对电磁辐射有一定的屏蔽作用，车厢座位下的加厚金属板也可以有效阻挡来自牵引电机的电磁辐射。

▶ 20. 为什么高铁站大多远离市中心？

很多高铁站建在远离市中心的地方，其主要原因有以下几点：

(1)高铁动车要求线路平直。动车组列车的速度很快，相应地，其对铁路的要求就比较高。例如，高速铁路的曲率半径要比普通铁路大，也就是说，高速铁路的线路不能太过弯曲，否则，列车为安全起见，会降速运行，这样高铁的意义就不存在了，并且市中心一般建筑物密集，不具备修建平直铁路的条件，于是，就会有一些站点建在远离市中心的地方。

(2)高铁车站占地面积大。一方面，动车速度快，发车密度高，大型高铁站同时接发列车的数量尤其多，这就要求大型高铁站必须有很多站台和线路，如西安北站就有 18 个站台 34 条线路。另一方面，接发的列车数量多，候车乘客就多，候车厅的面积必须足够大。这就造成高铁车站占地面积特别大，例如，南京南站占地面积约70 万 m^2，广州南站占地面积约为61.5 万 m^2。但一般在中大城市，如果将枢纽车站设置在市中心，拆迁的成本和难度会很高。

(3)高铁带动地方经济发展。高铁站附近地区人流量大，一般来说，经过数年的发展，会成为城市中比较繁华的地方，是经济的增长点。地方政府为了地方经济的发展，往往希望将高铁站点设置在远离市中心的地方，开发高铁新城。

(4)噪声等环境污染。噪声主要来自列车与空气、受电弓和接触网的摩擦，我国要求铁路与沿线建筑物相隔 200m 以上，这么长的距离在市中心很难实现。

▶ 21. 为什么高铁列车车顶接触的电线只有一根？

　　机车或动车车顶安装有通过接触网向其提供电能的电气设备，称为受电弓。受电弓可分为单臂弓和双臂弓两种，它们均由滑板、上框架、下臂杆(双臂弓采用下框架)、底架、升弓弹簧、传动气缸、支持绝缘子等部件组成。菱形受电弓，也称为钻石受电弓，以前非常普遍，后来由于维护成本较高以及容易在列车发生故障时拉断接触网而逐渐被淘汰，近年来多采用单臂弓。负荷电流大小与接触线和受电弓滑板接触面的流畅程度，滑板和接触线之间的接触压力、过渡电阻、接触面积有关，取决于受电弓和接触网之间的相互作用。

　　高铁列车和普通列车使用的供电方式是一样的，均通过三相平衡的方式进行供电。我国采用工频(50Hz)单相 25(或 27.5)kV 电压对动车供电，由于牵引供电系统采用单相交流电，如果列车全程只用一相，肯定会出现供电不平衡，而解决方式就是通过换相实现三相平衡。也就是说，一相用一段，三相循环着用。

　　在变电所中，三相交流电分别为 A 相、B 相、C 相电，将其中的一相接地，将另两相分别通往变电所两侧的供电臂，这样就能保证高铁的正常供电了。

动车受电弓

高铁列车、动车等在行进过程中，并不一直都和电网相连，它们经常都会通过一段无电区域，长度约 100m。通过这段区域时，列车是没有电的，一般借助惯性滑过这段区域。由于这段区域长度非常短，所以乘客乘坐列车时基本不会察觉。

每辆动车组列车也自带蓄电池，蓄电池可以为列车启动时受电弓的运行等提供电能，还可以作为高铁停电时安全和辅助电气系统的紧急备用电源。

▶ 22. 为什么列车使用密闭式集便装置？

部分车厢两端下方有一个长方形的大箱子，这个大箱子的作用就是收集厕所的排泄物，即集便装置。

最早的旅客列车并不是用这种大箱子来收集排泄物的，它是后期技术改进后的产物。我国自修建第一条铁路起，一直采取将旅客列车厕所排泄物直接排入铁道的做法，直接排放的排泄物会分布在线路道床及铁路沿线周边，有一部分也会挂在车身和转向架上。排泄物直接排放会影响铁路沿线环境，甚至有可能诱发疾病传播，各种复杂病理成分可以通过大气、土壤、河流、蚊蝇、人畜等媒介，广泛传播各种传染病。随着多次"铁路大提速"，列车运行速度得到提升，这更加

高铁列车集便装置

加剧了排泄物直接排放的危害，这些排泄物会腐蚀车辆部件并且危害铁路维护人员的身心健康，也增加了维修工作量。所以，随着铁路技术的不断进步，越来越多的列车开始采用集便装置，通过真空集便技术有效解决了排泄物直接排放带来的问题。而那些被收集的排泄物，还可以被合理利用起来。如今，集便装置已经被广泛运用在旅客列车上。当旅客按下冲水键后，便器内的排泄物被冲入集便装置中储存。

集便装置有重力式和真空式两大类，我国大多数旅客列车安装的是真空式集便装置。真空式集便装置中，除了有传统的水箱、便器外，还有真空发生器、污物箱以及连接它们的管路、阀门及控制系统。真空式集便装置的种类也有很多，但工作原理都大同小异。

无论哪种集便装置，都需要设置污物箱来回收便器内的污物及污水。污物箱通常被设置在车厢下方，也就是乘客平时乘坐的车厢的地板下方。以动车组列车为例，其每节车厢都设有一个污物箱，容积通常为500～800L，若以每次使用便器需要占用500mL存储空间为例，可以使用1000次以上，因此通常可以满足动车组列车运行一整天的储存要求产生的污水和污物。污物箱内安装有液位传感器，当污水和污物快装满污物箱时，液位传感器会向列车报警，以提醒列车工作人员及时进行处理。火车的水箱和污物箱都有保温层，而且还安装有电加热设备，可保证气温低于0℃时水箱和污物箱不结冰。如果长期不使用污物箱，则需要把污物箱排空，以免液体在结冰后体积变大，胀裂箱体。

污物箱箱体上安装有排污口，排污口采用快速接头设计，可以快速连接外部的卸污设备及管道，排空污物箱。卸污设备有固定式和移动式两种。我国铁路枢纽站(如北京西站、北京南站、上海虹桥站、郑州东站等)的各个动车运用所、客车整备所均安装有卸污设备，客车及动车组列车在运行结束或者折返时，会进行卸污作业，以排空污物箱内的污物，方便旅客下一次使用。

▶ 23. 为什么高铁列车上可以立硬币？

目前我国高铁技术比较先进，轨道焊接有很高的标准，所以中国高铁运行得很稳定。

中国的高铁起步比一些发达国家晚，以前所有高铁技术标准都是德国或日本制定的技术标准，但现在中国自主研发的动车组列车采用了大量的中国技术标准，如中国国家标准、中国铁路总公司（全称中国国家铁路集团有限公司）企业标准等。特别是目前的"复兴号"列车，其使用的中国技术标准的数量占动车组列车 254 个重要标准的 84%[7]。

中国高铁技术标准可归纳为五个字："稳""顺""平""检""修"。

"稳"：路基、桥梁、隧道、涵洞等基础部分要稳，要严格控制工后沉降。例如，高铁无砟轨道要求铺轨后路基沉降不超过 15mm。

"顺"：桥梁、隧道、涵洞与路基不同结构物之间要设置过渡段，以实现不同基础部分之间的平顺过渡。

"平"：轨面要平。先在工厂将 100m 钢轨焊接成 500m 长钢轨，然后在施工现场将 500m 长钢轨焊接成更长的无缝线路，实现"一根钢轨跨千里"。

"检"：高铁投入运营后，要采用综合检测列车、探伤车、巡检车等先进的检测设备，定期对线路状态进行综合检测与诊断，以便能及时掌握设备状态和发现问题。

"修"：每天 0:30～4:30，高速铁路列车都要停运，这段时间用于养护和维修，以确保铁路线路基础部分处于良好状态。

由于中国高铁采取了以上综合技术措施，因此其运行时的平顺程度达到了世界先进水平。大家在乘坐高铁列车时，走在时速 350km 的车厢里犹如闲庭信步，也能看到"高铁列车上立硬币，硬币不倒"的现象。

高铁列车上立硬币

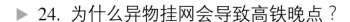

▶ 24. 为什么异物挂网会导致高铁晚点？

大风将异物刮到接触网上，就会导致多趟列车晚点。无论是高铁列车还是电力机车，其在运行时都需要利用车顶的受电弓从接触网上获取电能。因此，作为铁路的"动力之源"，接触网的重要性不言而喻。

编织袋、风筝、塑料布、塑料袋等异物如果挂在接触网上，会带来危险和麻烦。例如，触电。接触网电压为 27.5kV，是家用电压的 125 倍。需要注意的是，在电压极高的情况下，空气也能导电，如果大风将能导电的风筝线、金属丝或彩钢瓦等异物刮到接触网上，则很可能会使周围的人触电。再如，火灾。异物挂在接触网上可能会导致线路短路起火，被电火花点燃的异物一旦掉落在线路旁，可能会点燃干草、树木等，从而引发火灾。又如，影响行车安全。导电的异物可能会引起线路短路跳闸，导致供电设备中断供电。体积较小和绝缘的异物虽然不会引起短路，但可能会直接引起列车受电弓发生故障；而体积或质量较大的异物(如彩钢瓦等)，则有可能直接砸坏接触网。因此，无论哪类异物，都有可能导致电力中断，从而造成列车晚点甚至停运。

接触网

▶ 25. 为什么接触网网线不会被受电弓磨断？

　　铁路接触网高压线与其下方的铁轨不是平行的，铁轨上方的高压线呈"之"字形。这样设计的目的是避免受电弓某个部位持续与高压线摩擦。交替摩擦可让受电弓有"空闲时间"散热，其磨损也会变得均匀，寿命也更长。铁轨上方的线有两根，顶部那根线起到悬挂的作用，而下方的那根线才是与受电弓接触的线，这根线与受电弓接触的地方没有结扣。滑板通常由石墨制成，石墨滑板磨损得较快，需要定期更换成碳滑板。更换方便易行，成本低廉。更换周期一般为两周左右，质量好的石墨滑板，可每月更换一次。但是高铁运行时速大都在 300km以上，在这种情况下受电弓的风阻非常大，因此受电弓的设计很有讲究，既要让其坚实可靠，还要让其尽量轻。

接触网与受电弓接触的地方

在高铁上很难看到放电弧，电弧放电其实对高压线和受电弓都会造成损伤。高铁受电弓的设计要求很高，列车运行时，要尽量让受电弓与高压线之间的压力恒定。如果压力值偏小，就会造成离线，而离线瞬间会产生电弧，电弧会让滑板和高压线的表面变得不光滑，从而加剧磨损。但如果压力值偏大，相应地，磨损也会增多，从而缩短高压线和滑板的寿命。

▶ 26. 为什么高铁列车在行驶过程中不用鸣笛？

火车鸣笛与汽车鸣笛一样，是出于对安全的考虑。列车信号分为视觉信号、听觉信号、列控系统信号等，它们都是列车运行和作业方面的命令，火车鸣笛就属于听觉信号。

相较于普通列车，高铁列车很少鸣笛，且高铁的设计理念就是安全、舒适、无噪声。但高铁列车也配有喇叭，当遇到特殊情况(如列车进站时有旅客越线或者列车在行进时经过道口或隧道)时，高铁列车就会采取鸣笛措施。

火车鸣笛含义如下。

(1)一长声：列车启动或机车车辆前进时；接近车站、鸣笛标、曲线、道口、桥梁、隧道、行人、施工地点、黄色信号、引导信号、容许信号或天气不良时。

(2)二长声：列车、机车车辆、单机开始退行时。

(3)三长声：要求防护人员撤回时。

(4)一长一短声：途中本务机车要求补机开汽时(补机应以同样的信号回答)。

(5)一短一长声：电力机车双机牵引过程中，本务机车司机发现接触网出现故障，且有刮坏受电弓的危险，要求补机降下受电弓时(补机须以同样的信号回答)，或者电力机车司机在途中发现列车显示接触网出现故障的信号时，应鸣此信号回示。

(6)二短一长声：机车要求进出出入段时，或在车站要求显示信号时。

(7)一长三短声：发现线路上有危及行车安全的不良部位时；列车发生重大事故或者遇到其他需要救援的情况时；列车在区间内停车后不能立即运行，需要通知运转车长时。

(8)连续短声：司机发现(或接到通知)邻线出现故障，向邻线上持运行信号的列车发出紧急停车信号时。邻线列车司机听到此信号后，应紧急停车。

▶ 27. 为什么高铁采用自动化控制？

现代铁路列车的运行已经实现自动化，而列车在区间运行过程中实现自动化依赖于自动化的信号和控制设备。对于普通铁路，这些自动化的信号和控制设备被统称为区间设备，包括各种闭塞设备及机车信号与自动停车装置。在高速铁路上，由于行车速度较快，如果仍用地面的区间设备来调整列车运行，将产生很大困难。因为地面信号的显示距离和显示数量不能给司机一个准确的速度限制命令，同时，固定的闭塞分区将影响区间的行车效率。因此，高速铁路列车在运行中采用了新的区间信号和控制设备。高速铁路信号和控制系统的主要功能如下。

(1) 取代分散安装在铁路线路两侧的传统区间信号设备，列车运行控制功能集中在列车上，列车采用列车自动控制(automatic train control，ATC)系统。高铁列车从时速 200～300km 开始制动减速到列车完全停止，常用的制动距离为 5km 左右，紧急制动距离接近 4km。在这种情况下，传统的以地面信号为主体信号的自动闭塞制式已不能确保列车安全，高铁列车司机在列车高速运行时难以辨识地面信号，因此，为了减轻司机负担和防止司机失误，已建成的高速铁路全都采用 ATC 完成闭塞功能。

(2) 提高行车效率。高速铁路全都建有调度中心，由调度员统一指挥全线列车运行。铁路管理部门的调度中心是核心单位，各铁路局的调度中心是二级单位，同时也是调度指挥的实施单位，各个车站是调度的接收终端，由车站的值班员执行调度中心的各项指令，并传达给列车司机，从而实现安全行车。调度中心系统远距离控制全线信号、转辙器和列车进路，列车在正常行车时不需要车站本地控制。

(3) 在各车站及区间信号室附近设置用于核查车次号等的列车—地面信息传递设备，用以对列车实际位置进行确认。这是调度中心在指挥列车运行时所必需的基础设备。

(4) 车站通过计算机联锁对车站的信号机及道岔、进路等进行集中控制，使其保持一定的操作顺序，并相互制约，以保证行车安全[8]。

高铁调度中心

(5)地面调度设备与列车之间的信息传递采用应答器、多信息无绝缘轨道电路及无线传输信道来实现。在高速铁路上，每隔 1km 轨道就会设置一个黄色的扁盒子，即应答器，它能发出位置及路况信息，车载列车控制设备接收到这些信息后就能够对列车运行速度实施控制。

(6)车载列车控制设备根据地面调度设备传递过来的信息，自动控制列车安全运行速度。

(7)列车位置由车载列车控制设备进行自动检测，地面调度设备根据列车传送过来的位置信息实现列车间隔控制。

▶ 28. 为什么高铁列车紧急制动阀不能随意触动？

紧急制动阀位于高铁列车的车厢内，不同车型的紧急制动阀会有位置和外观上的差异，但都有明确的文字标识。紧急制动对旅客、车体和列车运行的影响如下。

(1)对旅客的影响：紧急制动时制动力非常大，停车速度快，由此产生的冲击力容易将旅客甩出座位，造成人身伤害。

(2)对车体的影响：列车紧急停车会造成轮对擦伤、闸盘过热，影响列车运行安全。

(3)对列车运行的影响：列车临时停车将会影响区间内其他列车的正常运行，

造成列车晚点，影响旅客正常出行。

列车紧急制动阀

除了紧急制动阀，以下设备也不能随意触动。

（1）紧急开门装置。当高铁列车运行时速小于 15km 时，误碰紧急开门装置会导致车厢门在列车行驶过程中打开，严重危及行车安全，扰乱行车秩序。

（2）紧急破窗锤。当列车遇到紧急情况且车厢内的旅客须从窗户逃生时，旅客可用紧急破窗锤来敲碎车窗玻璃。但在正常行车情况下，旅客不得擅自触碰紧急破窗锤。

什么情况下能使用紧急制动阀？

（1）发现有危及行车或人身安全的情形时。

（2）车辆燃轴或重要部件损坏时。

（3）列车发生火灾时。

（4）有人从列车上坠落或线路内有人死伤时（对于快速旅客列车，不危及本列车运行安全时除外）。

（5）判明司机不顾停车信号而让列车继续运行时。

（6）列车无任何信号指示，进入不该进入的地段或车站时。

（7）发现有其他危及行车或人身安全的情形而必须紧急停车时。

紧急制动阀只允许由列车乘务员操作，旅客不能擅自操作。

▶ 29. 为什么高铁钢轨是"工"字形？

钢轨是铁路轨道的重要组成部件，其主要功能是引导列车车轮前进，平稳地承受车轮的巨大压力并将压力传递到轨枕上。同时，钢轨必须为车轮提供连续、平顺和阻力最小的滚动表面。

为保证千吨或万吨级列车的安全行驶，钢轨需要具备三个特点：①能经受得住重载列车施加的压力；②能让列车高速稳定地运行；③与车轮轮缘相吻合。

使用"工"字形高铁钢轨的原因如下：

1）避免挠曲变形的最佳断面

列车作用于钢轨上的力主要是竖直力，一节空载的货物列车车厢其自身重量至少 20t，满载货物的列车其重量则可达万吨。如此大的重量和压力易使钢轨发生挠曲变形（物理形变），而"工"字形的钢轨断面是避免挠曲变形的最佳断面。

2）确保列车平稳运行

钢轨是由轨头、轨腰和轨底三部分组成的。为了确保列车平稳运行，轮、轨既要紧密接触，又要具有耐磨的性能。窄而厚的轨头，一方面，能完美嵌入车轮轮缘；另一方面，足够应对轮、轨磨损。钢轨轨底比较宽、受力面积较大，再加上扣件、轨枕联合作用，列车可以在钢轨上平稳运行。

钢轨已经过了一百多年的发展，其"工"字形结构一直沿用至今，是跨时代的经典设计。随着高铁时代的到来，钢轨的地位越来越重要，其检修维护标准也越来越高，与钢轨检修维护相关的各类先进大型机械设备相继投入使用。

（1）检修库内的钢轨探伤车。钢轨探伤车是铁路线路上的"B超医生"，它能利用超声波技术高效检测出列车在运行中与钢轨摩擦时钢轨所产生的擦伤、裂纹，检测时速最高可达 100km。

(2)综合巡检车。综合巡检车是铁路线路上的"千眼神探"，全车共 132 个摄像头，具备轨道检测、接触网检测、限界检测等功能，可高精度地分析线路、桥隧、信号、接触网的状态，集智能检测、自动分析、实时报告于一体，检测时速最高可达 160km。

(3)钢轨打磨车。钢轨打磨车车底共装有 96 个打磨砂轮，打磨作业时速最高可达 15km，可有效消除钢轨磨损，改善轮轨相互作用，提高列车平稳性和舒适度，延长钢轨使用寿命。

(4)换轨小车。作为超长无缝线路更换"神器"，换轨小车是铁路线路上的主力担当。作业人员与换轨小车联动配合，在一个"天窗"内可更换 1.5km 的钢轨。换轨小车为万里铁路线路不断注入新活力。

▶ 30. 为什么高铁动车没有方向盘？

高铁动车驾驶室里没有方向盘，那它又是如何转弯变道的呢？这就需要道岔出场了。道岔是一种使机车车辆从一股道转入另一股道的线路连接设备，也是轨道的薄弱环节之一，通常被大量铺设在车站、编组站。有了道岔，就可以充分发挥线路的通过能力。即使是单线铁路，铺设道岔并修筑一段长于列车长度的叉线后，也可以对开列车。道岔掌控着列车的行驶方向，岔尖摆向哪边，列车就开往哪边。但道岔并非自行摆动，它是由道岔旁边的转辙机控制的，现在电液控制自动道岔已经取代了落后的人工道岔。"道岔+转辙机"就相当于高铁动车的方向盘，它们帮助高铁动车实现进站、转弯和变道。

道岔是个大家族，最常见的道岔是普通单开道岔。它由转辙器、连接部分、辙叉及护轨 3 个单元组成。转辙器包括基本轨、尖轨和转辙机。当机车车辆要从 A 股道转入 B 股道时，操纵转辙机使尖轨移动，尖轨 1 紧贴基本轨 1，尖轨 2 脱离基本轨 2，这样就开通了 B 股道且关闭了 A 股道，随后机车车辆进入连接部分并沿着导曲线轨过渡到辙叉及护轨单元。这个单元包括固定辙叉心、翼轨及护轨，作用是保护车轮安全通过两股轨线的交叉之处。

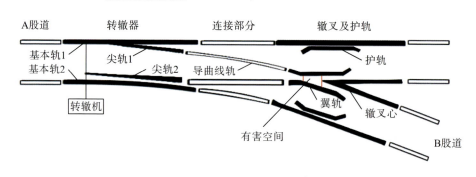

<table>
<tr><td>A股道</td><td>转辙器</td><td>连接部分</td><td>辙叉及护轨</td></tr>
</table>

基本轨1
基本轨2
尖轨1
尖轨2
导曲线轨
护轨
翼轨
辙叉心
转辙机
有害空间
B股道

普通单开道岔示意图

　　车轮通过辙叉时，两根翼轨的最窄处与辙叉心的最尖端之间有一段空隙，这就是道岔的有害空间。车轮通过此处时，有可能因走错辙叉槽而发生脱轨。设置护轨的目的也在于此，它能强制引导车轮的运行方向。尽管如此，这个有害空间的存在还是限制了列车通过道岔的速度，这对开行高速列车十分不利。而解决道岔有害空间的根本方法就是消除有害空间，但这在普通道岔上做不到，必须依靠特殊道岔——可动心轨道岔。

　　可动心轨道岔最主要的特点是辙叉心轨可以被扳动。当要开通某一股道时，可动心轨道岔的辙叉心轨就会紧贴与开通方向一致的翼轨，并与另一方向的翼轨分开，这样一来，普通道岔的有害空间就不存在了。实践证明，消除道岔有害空间后，列车在行驶时更加平稳，受到的过岔速度限制也更加少，因此可动心轨道岔特别适合运量大且需要开行高速列车的线路使用。

道岔

第4章 高铁日常运营的为什么

▶ 31. 为什么高铁在开通运行前要进行联调联试？

每条高铁在开通之前，都会进行联调联试。联调联试重在"联"字，它需要许多铁路部门和单位共同配合。联调联试过程也是相当烦琐和精细的，从检测车上道确认，到综合检测列车逐级提速，再到实车拉通试验，最后到按图行车进行运行试验，共需要三个多月的时间。具体的联调联试过程分为以下几个阶段。

(1)准备阶段。这一阶段主要进行检测设备的地面布点、安装和调试测试系统及设备的安装等。联调联试的前提是整个工程符合"静态验收"条件，只有在确认联调联试条件和综合检测列车上线条件后，才能正式进行联调联试。

(2)逐级提速阶段。这一阶段主要是通过开行综合检测列车，按照速度等级进行正式逐级提速试验、道岔侧向通过试验、接触网静态几何参数检测、动态几何参数检测和人工短路试验。也就是说，"静态验收"阶段之后是"动态验收"阶段。在这一阶段，首先由内燃机机车牵引着轨道检测车、信号检测车、接触网检测车组成的综合检测列车上线"试跑"并确认联调联试条件，然后综合检测列车按照速度等级进行逐级提速，最后验证路基、桥梁、隧道和牵引供电及接触网系统的性能和功能，并评价综合接地、电磁环境、电分相装置等是否满足相关标准与要求，以为"动态验收"提供技术依据。

(3)信号及其他系统联调联试阶段。这一阶段主要完成信号系统调试和客运服务系统、自然灾害及异物侵限监测系统、远动系统、综合视频监控系统试验，通过信号 ITC(intelligent train control，列车智能控制)试验、轨旁信号设备状态测试以及列车运行控制系统场景测试等，验证地面列控系统的相关功能和列控系统相关设备的接口关系。

(4)全线拉通试验阶段。采用综合检测列车，按 ATP(automatic train protection，列车自动保护)控制模式，以线路允许的速度对全线进行往返拉通试验，检验整体设备的运行水平。

(5)运行试验阶段。这一阶段主要通过列车运行图参数测试、故障模拟、应急救援演练和按图行车试验，验证各系统在正常与非正常条件下的适应性、行车组织方式能否满足运营需求，以及检验在设备出现故障、发生突发事件或自然灾害的条件下各系统的应急处理能力，以为完善运输组织方案提供技术依据[9]。

▶ 32. 为什么高铁每天都要开"确认列车"？

"确认列车"是高铁线路经夜间检修后，在当日运营之前开行的不载客列车。高铁线路的检修、维护是从每天的 0:00 开始，一直持续到凌晨 4:00。完成检修后，高铁线路到底符不符合开行条件，还有哪些影响列车安全、平稳运行的因素，"确认列车"都会在凌晨 4:00～5:00 时按照运行图的要求以允许的最高时速在高铁线路上进行确认，完成确认后，各班次列车才能开行。"确认列车"的开行被纳入铁路局调图计划，车次按照动车组检测列车安排(冠以 DJ 字头)。但是由于仅作为检测列车，不载客运营，因此"确认列车"的运行计划不对外公布。

"确认列车"和平常运营的高铁列车没有多大的区别，二者的不同之处仅在于"确认列车"不载客，只载有数名技术检测人员，并安装有相应的检测设备。例如，对列车平稳性的检测，"确认列车"一边行驶，一边就能通过相应的设备将检测报告打印出来。

在极少数情况下，也会使用 CRH380AJ、CRH380BJ 等型号的检测列车进行本务确认。

▶ 33. 为什么高铁线路实行全线封闭式管理？

封闭式管理并不是仅仅针对高铁车厢，而是针对高铁全程线路。对高铁线路实施全线布控、专人看守，以及铁路线路的运营、维修、建设一体化，有利于形成与生态环境协调共存的绿色铁路环境。

我国的铁路与自然环境紧密结合，其穿梭在山区、城市、乡镇中，而人也会对铁路造成影响。例如，高速动车组列车在紧急制动停车时需要的制动距离一般是 2～6km，如果列车司机发现异常情况后再采取制动措施，此时已根本来不及，而且疾驰而过的高速动车组列车会搅动周围的空气，产生强烈的"列车风"，从而危及靠近线路的人员的人身安全。因此，高铁沿线一般设置了防护围栏。

高铁线路实行全封闭式管理，是为了保障更加安全、生态化的铁路运营。实行全封闭式管理，外来因素对铁路的影响将大幅度降低，由此高铁可以提供更加高效、舒适的服务。

▶ 34. 为什么要设置高铁线路安全保护区？

铁路线路安全保护区，是指为防止外来因素对铁路列车运行造成干扰，减少铁路运输安全隐患，保护国家的重要基础设施，在铁路沿线两侧一定范围内对影响铁路运输安全的行为进行限制而设置的特定区域。这里所说的铁路线路，包括铁路钢轨道床、路基、边坡、侧沟及其他排水设备、防护设备，以及铁路线路上的桥梁、隧道、场站等。

铁路线路安全保护区

　　长期以来，一些单位和个人在铁路线路两侧修路、挖沟、盖房或排污、烧荒、倾倒垃圾、放养牲畜等，严重影响了列车运营安全。为此，中华人民共和国国务院 2004 年发布的《铁路运输安全保护条例》（已废止）本着维护铁路运输安全和节约用地、方便沿线群众生产生活的原则，参照我国相关行业的做法和经验，设定了铁路线路安全保护区，该条例在保障铁路安全畅通、保护铁路沿线群众生命和财产安全方面发挥了重要作用。近十年来，高速铁路的快速发展和既有铁路的提速，对铁路沿线环境提出了更高的要求，原条例设定的铁路线路安全保护区范围及相关管理制度已不能适应新的发展需要。中华人民共和国国务院 2013 年通过的《铁路安全管理条例》（自 2014 年 1 月 1 日起实施）对铁路线路安全保护区的相关制度做了进一步的调整和完善。例如，在铁路线路安全保护区内建造建筑物、构筑物等设施，取土、挖砂、挖沟、采空作业或者堆放、悬挂物品，应当征得铁路运输企业同意并签订安全协议，遵守保证铁路安全的国家标准、行业标准和施工安全规范，采取措施防止影响铁路运输安全。依据《铁路安全管理条例》，铁路线路安全保护区的范围划分如下，从铁路线路路堤坡脚、路堑坡顶或者铁路桥梁（含铁路、道路两用桥，下同）外侧起向外的距离分别为：①城市市区高速铁路为 10 米，其他铁路为 8 米；②城市郊区居民居住区高速铁路为 12 米，其他铁路为 10 米；③村镇居民居住区高速铁路为 15 米，其他铁路为 12 米；④其他地区高速铁路为 20 米，其他铁路为 15 米。

　　在高铁线路上，高铁列车运行速度快，线路受损后，事故的后果会更加严重。因此，在高速铁路上尤其要保证线路安全。

▶ 35. 为什么高速铁路夜间一般不运营？

　　高铁夜间一般不运营主要有以下几个原因：

　　（1）夜间需要对高铁线路等设备进行必要的保养和检修。为了不影响白天正常行车，对于线路、列车及其他设备的保养维修就只能在夜间"天窗"内进行，所谓"天窗"即列车运行图中不铺画列车运行线或调整、抽减列车运行，为施工和维修作业预留的时间，原则上，在"天窗"时间范围内没有列车通过，列车时刻表也要尽量避开"天窗"时间。一般情况下，电气化铁路在"天窗"时间范围内，其供电线路会断电。"天窗"分为"V"形"天窗"和垂直"天窗"两种，高铁主要采用垂直"天窗"。垂直"天窗"是指在某个时间段内，高铁上、下行两个方向上均没有列车通过。国内高铁的"天窗"时间一般为 0:00～4:00，在这个时间段内高速铁路上没有列车通行，铁路需要进行检修和养护：工务段，要对轨道线路进行检查；供电段，要检查供电设备；信号段，需要检查信号收发情况；动车组，需要回库进行检修和维护。白天发车密集，因此夜间是高铁唯一的检修时间，只有在夜间完成全面的检查和故障排除，乘客才能在白天坐上干净、整洁、舒适、快捷的高铁列车[10]。

(2) 列车运行图调整。大家经常会在新闻上看到铁路部门宣布在某个时间对某个区域进行调图，或者在网络上购票的时候会发现一趟经常乘坐的列车出现"列车运行图调整"的字样，进而导致购票时间延后。所谓调图，就是对列车运行图的调整，它会影响旅客乘坐的具体车次。导致这一调整的原因有很多，如信号系统的改造、线路变更铁路局管辖导致的线路重新进行接入，相应地，可能就需要对调度集中控制系统进行改造，这些工作同样需要在夜间完成。

(3) 需要进行试运行。在每天第一班高铁列车运行之前，需要试运行一班列车，该列车是不能载客的"确认列车"，用于检测所有高铁线路是否都能够正常使用，以排除安全隐患。"确认列车"行驶完整条高铁线路需要一定的时间，而夜间就是最好的时间段。

总的来说，高铁不在夜间运行是为了给乘客提供更安全、更舒适的出行体验。

36. 为什么将车载信号作为行车凭证？

铁路信号设备用于向司机和调车人员发出指示和命令，铁路信号包括视觉信号和听觉信号两大类。地面固定信号机通过显示不同的颜色发出信号，这些颜色包括黄、绿、红、蓝、白等，颜色的组合方式不同，含义也不同。车站联锁设备用于保证车站内行车和调车工作的正常进行，以及提高车站的通过能力。区间闭塞设备用于保证列车在区间内运行的安全性，以及提高区间的通过能力[11]。

因为高铁列车速度较快，司机难以看清楚地面信号机给出的信号指示，所以大多数高速铁路都采用车载信号方式，一般不设地面信号机。虽然高铁列车的司机按车载速度命令驾驶列车,地面没有信号机,但是这并不意味着高速铁路取消了所有地面信号机,在需要进行调车作业、特殊行车、危险地段防护等情况下,高速铁路仍然会使用地面固定信号机(如发出调车信号、引导信号等)、临时信号、手信号、火炬、表示器及各种标志(如停车标志、预告标志等)。

高速铁路的信号和控制系统包括计算机联锁系统(computer interlocking system)、列车运行控制系统(train operation control system)和调度集中系统(centralized traffic control system)。与高速铁路信号系统相关的设备主要分布在调度中心、车站、区间信号室、线路旁和列车司机室内。

1)计算机联锁系统

计算机联锁系统是指通过计算机对车站作业人员的操作命令及现场表示的信息进行逻辑运算,从而实现对信号机及道岔等的集中控制,并使它们相互制约的车站联锁系统。计算机联锁系统根据计划或运行图实时地为每一列列车提供进站、出站及站内行车的安全进路。

2)列车运行控制系统

列车运行控制系统(简称列控)是指对列车运行实施自动监控的系统,它是保障高速铁路运营安全、提高高速铁路运营效率的核心技术系统,也是高速铁路的"中枢神经"。列车运行控制系统的主要作用是完成列车间隔控制和列车速度控制,以保证列车安全、快速地运行。该系统根据列车在铁路线路上运行的客观条件和实际情况,对列车运行速度及制动方式等进行监督、控制和调整。列车运行控制系统的相关设备和网络包括地面设备、车载设备、车—地信息传输设备和信号数据传输网络。地面设备提供线路参数、目标距离和进路状态。车载设备生成目标距离控制模式曲线,并通过驾驶室内的人机界面为司机提供目标速度、当前速度、最高允许速度、距前方停车点距离等信息。车—地信息传输设备完成地面设备和车载设备的信息交互。信号数据传输网络实现地面设备间的数据信息交互。列车运行控制系统根据目前车站进路、前行列车的位置、安全追踪间隔等情况向后续列车运行提供行车许可、速度目标值等信息,同时对列车运行速度实施监督和控制。

计算机联锁系统示意图

3）调度集中系统

调度集中系统是指调度中心对某一区段内的信号设备进行集中控制，并对列车运行进行直接指挥及管理的智能化和自动化技术系统。该系统根据列车基本运行图所制定的日计划、班计划和列车运行正晚点情况，编制各阶段行车计划，并将这些计划下达给各个计算机联锁系统。调度集中系统主要由调度中心子系统、车站子系统以及调度中心与车站和车站与车站之间的网络子系统三大部分构成，主要功能包括列车运行监督、车次号自动跟踪、到发站点自动采集、自动描绘实际列车运行图、自动调整阶段行车计划、通过网络下达调度命令。调度集中系统不通过车站值班员指挥司机行车，它直接将调度指令传送至列车，指挥司机行车。

▶ 37. 为什么要设置应答器？

应答器是一种用于从地面向列车传输信息的点式设备，分为无源应答器（也称为固定应答器）和有源应答器（也称为可变应答器），主要用途是向列控车载设备提供可靠的地面固定信息和可变信息[12]。

应答器可向列控车载设备传送以下信息。

(1)线路基本参数：如线路坡度、轨道区段等。

(2)线路速度信息：如线路最大允许速度、列车最大允许速度等。

(3)临时限速信息：如当由于施工等原因需要对列车运行速度进行限制时，须向列车提供此信息。

(4)车站进路信息：如根据车站接发车进路，向列车提供线路坡度、线路速度、轨道区段等参数。

(5)道岔信息：如前方道岔允许列车运行的速度。

(6)特殊定位信息：如升降弓、进出隧道、鸣笛、列车定位信息等。

(7)其他信息：如固定障碍物信息、列车运行目标数据、链接数据等。

无源应答器(组)用于发送固定不变的数据和提供线路固定参数，如线路坡度、线路允许速度、轨道电路参数、链接信息、列控等级切换信息等。

传输可变信息时，必须将专用的应答器电缆与 LEU（lineside electronic unit，地面电子单元）设备连接，并根据 LEU 设备所发送的报文，向列车传送应答器报文信息。在既有线路提速区段，有源应答器被设置在车站进站段和出站段，主要发送进路信息和临时限速信息。

应答器

无论是无源应答器还是有源应答器，它们的工作原理都一样。当列车经过地面应答器上方时，应答器在接收列控车载设备点式信息接收天线发送的电磁能量后，将能量转换为工作电源，并启动电子电路工作，随后把预先存储或由 LEU 传送过来的 1023 位应答器传输报文循环发送出去，直至电磁能量消失。

每个应答器(组)都有一个编号，并且该编号在全国铁路范围内是唯一的。无源应答器被设置在闭塞分区入口和车站进、出站端处，用于向列控车载设备传输闭塞分区长度、线路速度、线路坡度、列车定位信息等。有源应答器被设置在车站进、出站端处，当列车通过应答器时，应答器向列车提供接车进路参数、临时限速信息等。

应答器可以被简单地理解为一个数据存储器和发送器，当车载天线激活应答器时，应答器将发送自身存储的应答器报文或 LEU 传送的应答器报文。

▶ 38. 为什么使用 GSM-R 系统传递信息？

GSM-R(Global System for Mobile Communications-Railway)铁路综合数字移动通信系统是一项用于铁路通信应用的国际无线通信标准。欧洲铁路交通管理系统的子系统便使用 GSM-R 完成列车和调度中心的通信。该系统基于 GSM 和 EIRENE-MORANE[Environmental Exposure Assessment Research Infrastructure(环境暴露评估研究基础设施)-Mobile Radio for Railway Networks in Europe(欧洲铁路网络移动无线电)]，当列车速度高达 500km/h 时，列车与调度中心之间的通信也不会断开[13]。

中国铁路的 GSM-R 频段为上行 885～889MHz，下行 930～934MHz。GSM-R 系统包括网络子系统(network sub-system，NSS)、基站子系统(base station sub-system，BSS)、运行与业务支撑子系统(operation support system，OSS；business support system，BSS)和终端设备 4 个部分。GSM-R 在 GSM 公众移动通信系统平台上增加了铁路运输专用调度通信功能。GSM-R 通信系统包括交换机、基站、机车综合通信设备、手机等。以青藏铁路为例：青藏铁路是世界上海拔最高的铁路线，青藏线北起青海省格尔木市，途经纳赤台、五道梁、沱沱河、雁石坪，翻越唐古拉山进入西藏自治区境内后，经安多、那曲、当雄至西藏自治区首府拉萨市，全长约 1142km。绝大部分线路在高原缺氧的无人区，为了满足铁路运输通信、信号及调度指挥的需要，采用 GSM-R 移动通信系统是较好的选择。

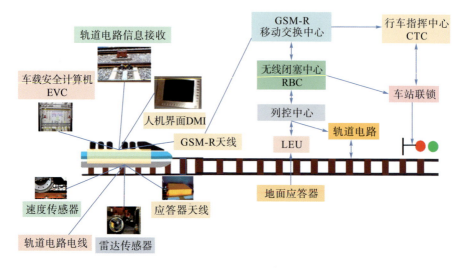

GSM-R 移动监测系统

　　固定点与移动点以及移动点与移动点之间铁路工作人员的专用无线电通信，主要涉及列车无线电通信、站内无线电通信、无线电报警装置等。铁路移动通信是保证行车安全、防止作业事故、提高运输效率、加速机车周转以及改善服务质量等方面不可缺少的通信手段，是铁路通信的重要组成部分。

▶ 39. 为什么高铁电力系统的电压是 27.5kV ？

　　高铁列车行驶速度快，变压器区间距离远，线路导线截面积不可能特别大，因此只能将电压升至一定程度以保证高铁列车行驶安全及线路畅通无阻。高铁的供电标准是参照国际电工委员会（International Electrotechnical Commission，IEC）和欧洲国家制定的标准并结合我国实际情况制定的，相比国外的标准，我国高铁供电标准的要求要低一些。我国高铁供电标准规定，低速（160km/h）铁路干线电力牵引变电所牵引母线上的额定电压为 27.5kV，考虑到线路和机车负载，受电弓最低电压为 20kV，额定电压为 25kV，最高电压为 29kV。高速铁路的电压标准类似，只是在时间上有限制，如长期最高电压为 27.5kV，允许短时（5min）最高电压为 29kV[14]。

　　高铁是由电力驱动的。一般的用电器，要么直接采用直流电，要么直接采用交流电。但高铁不同，电流在受电弓处是交流电，这些交流电到了车厢以后变成直流电，接着又变成交流电供乘客和列车使用。

在国内绝大多数地方输送的电能都是交流电，交流电可以用变压器进行升压并远距离输送。高铁用电环境中的用电器，大多采用交流电，这是因为交流电在输送过程中有很多优势，如电能损失比较少。此外交流电的电压还可以大幅升高，而高铁所采用的电压很高(我国高铁线路电压为 27.5kV)，高铁沿线须通过高压线向列车提供源源不断的电能，因此，交流电更适合一些[15]。

高铁速度不同，所需的动力也不一样，高铁耗电量与运行速度有关。例如，高铁时速达到 350km 时，其耗电量可达 9600kW·h；时速在 250km 时，耗电量为 4800kW·h 左右。此外，风速也会影响高铁耗电量。

第5章　高铁旅客购票的为什么

▶ **40. 为什么电子客票购票、退票及改签如此便利？**

2015 年 6 月 10 日，铁路部门推出"变更到站"服务，旅客购买火车票后，如需调整行程，变更目的地，在车票预售期内、开车前 48 小时以上到车站售票窗口或 12306 网站变更到站即可，无须将原车票退票后再另购新车票。

《中国铁路总公司关于车票改签、退票有关事项的通知》关于客票"购、改、退"的具体规定如下。

（1）在原车票开车前 48 小时以上，旅客可任意选择有余票的列车。已取得纸质车票的，可在车站指定售票窗口办理；未换取纸质车票的，可在 12306 网站办理。

（2）旅客购买的车票只能办理一次改签，如不能按票面指定的乘车站、日期、车次乘车时，在有运输能力的前提下，可以在票面指定的开车时间前到全国任一车站办理一次提前或推迟乘车签证手续，已改签的车票不能再次改签，允许办理退票。旅客可以在开车之后在车票票面所在车站改签当日其他列车，改签后且不能再次改签，也不能办理退票。

旅客在票面开车时间前办理车票改签时，在有运输能力的前提下，开车前 48 小时（不含）以上，可改签预售期内的其他列车；开车前 48 小时以内，只能改签票面日期当日 24：00 之前的其他列车。

现行退票费标准

距离开车时间	退票手续费
15 天以上（不含 15 天）	免费
48 小时以上，15 天及以内	票面价的 5%
24 小时以上，48 小时及以内	票面价的 10%
24 小时及以内	票面价的 20%

（3）办理"变更到站"时，新车票票价高于原车票的，补收差额；新车票票价低于原车票的，退还差额。对差额部分核收退票费并执行现行退票费标准。

（4）办理"车票改签（即到站不变）"时，新车票票价高于原车票的，补收差额；新车票票价低于原车票的，退还差额。同样，对差额部分核收退票费并执行现行退票费标准。

电子客票是传统纸质车票的一种电子形式，是以电子数据形式体现的铁路旅客运输合同凭证，相比传统纸质车票，电子客票在退票、改签和购票时更加便捷。

实施电子客票打通了互联网与车站售票窗口的服务渠道，有利于推行旅客自助化实名验证、自助化验票等无干扰服务。旅客持购票时所使用的有效身份证原件即可快速、自助地进站检票乘车，这减少了排队取票环节，旅客通过闸机用时更少，通行速度明显提升。如果旅客不是使用现金购票且未取出报销凭证，那么无论旅客是通过哪个渠道购买的车票，都可以在互联网上自助办理退票或改签，这在方便旅客的同时，也有效减轻了车站售票窗口的压力。由于没有纸质车票，丢失车票、挂失补票、贩卖假票等问题可得到彻底解决。同时，实施电子客票还有提高售票组织和旅客乘降组织效率、降低设备故障率等诸多优点。

身份证验票二维码扫描区

▶ 41. 为什么高铁票有时比机票贵？

中国高铁取得了举世瞩目的成绩，大大方便了国民出行，在中短途旅行中成为更多人首选的出行方式。人们在选择出行的交通工具时，一般会对比不同交通工具的价格。有时我们会发现，高铁的票价要高于打折的机票，其中的原因不得不从高铁的定价说起。

"和谐号"动车组列车

1）速度等级

线路的速度等级在很大程度上决定了该线路票价率（即 1km 的票价）的高低。我国高铁车票在定价时，按照速度等级分为两类：①时速 300km 及以上的线路，G 字头列车（以下简称 G 车）二等座票价率一般为 0.46 元/km，D 字头列车（以下简称 D 车）二等座票价率一般为 0.31 元/km；②时速 300km 以下的线路，G 车和 D 车的二等座票价率大多相同，一般为 0.31 元/km 或 0.37 元/km。

国内部分高铁线路票价率

速度等级	线路	起讫点	里程	票价率/(元/km)			
				G 车二等座	G 车一等座	D 车二等座	D 车一等座
时速 300km 及以上	京沪高速线	北京南—上海虹桥	1318km	0.46	0.77	0.31	0.49
	京广高速线	北京西—广州南	2298km	0.46	0.73	0.31	0.49
	沈大高速线	沈阳北—大连北	383km	0.46	0.73	0.31	0.49
	京津城际线	北京南—于家堡	165km	0.45	0.73	—	—
	徐兰高速线	徐州东—西安北	883km	0.46	0.73	0.31	0.49
时速 300km 以下	西成客专线	西安北—成都东	658km	0.40	0.64	0.40	0.64
	柳南客专线	柳州—南宁	223km	0.37	0.59	0.37	0.59
	南昆客专线	南宁—昆明南	709km	—	—	0.31	0.59
	兰新客专线	兰州西—乌鲁木齐	1786km	—	—	0.31	0.49
	衡柳线	衡阳东—柳州	498km	0.31	0.49	0.31	0.49

高铁一等座

2）客运运价里程

铁路部门在计算票价时，使用的并不是直线距离，也不是铁路线路的实际长度，而是铁路客运运价里程。客运运价里程通过《铁路客运运价里程表》公布，并通过《铁路客货运输专刊》进行更新。客运运价里程可能与实际里程有所出入。

如果列车在运行过程中跨越两条及更多的线路，则称为跨线列车(反之称为本线列车)，其运价里程通过线路间的"接算站"进行累加计算。计算客运运价里程时的经由径路与列车实际走行径路不是完全一致的。

3)"递远递减"计价原则

高铁票价实行"递远递减"计价原则，分段实行折扣，折扣大致如下。

(1)500km 以内，执行原价。

(2)500～1000km，打九折，如 G 字头列车执行 0.414 元/(人·km)。

(3)1000km 以上，打八折，如 G 字头列车执行 0.368 元/(人·km)。

如果 G 字头列车运行时速 200km 的线路，就按照 D 字头列车标准计价。

另外，由于高铁客运专线大多是由地方铁路公司和中国铁路总公司合资修建，因此在不同省(市)或铁路局集团公司内组建了不同的合资公司，为了便于进行收入核算和利润分配，并不是所有线路上的运价里程都可以在直接相加后适用"递远递减"原则(可以直接相加的情况称为"通算")。甚至部分线路由于分属不同铁路局集团公司管辖，其运价里程也不能采用"递远递减"原则。另外，二等座票价率不同的线路一定不能"通算"。

4)浮动票价

自 2018 年 7 月 5 日起，铁路部门对早期开通的合肥—武汉、武汉—宜昌、贵阳—广州、柳州—南宁、上海—南京、南京—杭州 6 段线路上运行时速为 200～250km 的高铁动车组公布票价进行优化调整，明确执行票价以公布票价为最高限价，铁路相关企业可根据客流情况，分季节、分时段、分席别、分区段地在限价内实行票价浮动，最大折扣幅度 6.5 折。

造成高铁票价高的原因主要有以下两点：一是为了提高成本回收速度，二是高铁的成本高。高铁的竞争力不在于价格低廉，而在于安全性与舒适性。

▶ 42. 为什么高铁列车上有时明显有空座，而 12306 购票系统上却显示无座？

利用 12306 手机 App 购票已经成为铁路订票的重要渠道。我们都有过在节假日出行前抢票的经历，有时会遇到高铁票一票难求的情况，但上车后却发现车厢内还有很多空座的情况，那么为什么在购买车票时 12306 购票系统上会显示无座呢？

首先，火车票是按照区间进行售票的。高铁要经过很多站点，不可能将车票全部售给某一站点的乘客，否则会导致其他站点的乘客无票可购。因此，系统会给每个站点预留一定的车票（即预留车票），以供每一个站点的乘客购买，不会将座位全部分配给始发站。例如，上海开往合肥的列车，有的乘客购买的是上海—南京的车票，有的乘客购买的是无锡—合肥的车票，为保证无锡站座位数满足需求，系统会提前在上海站预留部分车票。

其次，乘客误车也是常有的事。乘客购买车票后，由于某种原因没有赶上车，这时也会产生空座位。目前，车票改签十分便利，退改签的适用范围也十分广泛，因此，乘客在出行计划有变时，应及时退改签车票，以防止自己的财产遭受损失和浪费铁路资源。

▷ 43. 为什么在网上购票时部分车票要填写图片验证码？

过去在 12306 手机 App 或 12306 官方网站购票时总是需要完成很多步骤，如需要点击图片并输入验证码，这不仅烦琐，而且经常会出现验证码辨认错误的情况，从而不利于提高网上订票的便捷性。据官方统计，能一次性正确输入验证码的乘客只占 8%，需要输入 2 次的占 27%，其余 65% 的乘客需要输入 3 次或 3 次以上。而自 2018 年起国家铁路局表示网购火车票需要验证码的比例被压缩到 15%以下，也就是说，八成以上的火车票都不需要验证码了。

首先来了解为什么在购买部分车票时要设置复杂的验证码。

简单来说，验证码是区分机器操作和人的操作的一种手段。在网络中总是存在恶意注册、盗取账号密码和恶意发帖等现象，而验证码的作用就是防止有人恶意使用技术手段破解个人信息数据，从而保证信息安全，保障良好的网络环境。

互联网发展起来之后，网络购票盛行，很多"黄牛"开始利用抢票软件在网上疯狂"刷票"，很多旅游软件公司也纷纷推出购票活动。同时，很多软件都有相应的加速功能，这会导致购票系统无法正常运行。此外，不少网络购票平台还会收取较多服务费用，这也破坏了购票的公平性。因此，为了保证公平的网络购票环境，同时也为了保证大家的信息安全，铁路部门购票系统只能设置验证码并一再提高验证码的难度，于是便有了烦琐的图片验证码辨认环节。

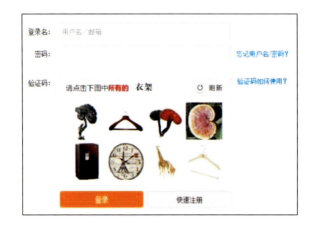

12306 购票验证界面

　　如今，可节省旅客网上购票时间、提升操作体验、有效拦截"黄牛"的新一代验证码技术已经出现，如谷歌的 reCAPTCHA、顶象技术的无感验证。以顶象技术的无感验证为例，它可以智能分析并预先判定操作者是合法用户还是仿冒者，合法用户甚至不用进行操作就能够完成网络登录身份验证，这种全新的验证方式很好地解决了保障网站安全和提升用户体验之间的矛盾。

▶ 44. 为什么高铁票有红、蓝两种颜色？

　　火车票的样式在短短几十年内发生了翻天覆地的变化。20 世纪 40~90 年代，人们乘坐火车时需要出示纸板车票，这种车票有行程信息和座位信息，同时还有"半孩""半价"标志，但买一张车票最快也需要五六分钟；而现在，旅客可以在网上购票，甚至不需要取票，凭借身份证就可以进出车站；未来，无感化检票、刷脸进站等新技术将更加方便我们的出行。

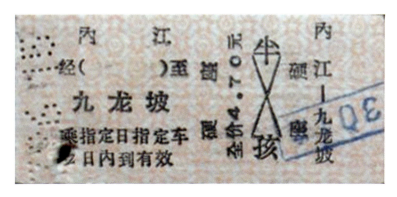

纸板车票

1995 年左右，纸质车票开始由电脑出票，淡粉色"软纸票"取代纸板车票，车票上印有一维码(条形码)，能显示出票的具体车站及其窗口信息。

后来经过再次演变，车票的整体外观没有发生太大变化，但车票上的条形码已经变成二维码，也就是我们现在使用的"红色车票"。

现行的纸质车票有红、蓝两种颜色，高铁票也分为"红色车票"和"蓝色车票"两种。其中，"红色车票"是纸张车票，比较薄，颜色为淡粉色，票面有车次、座位号和票价等信息，而背面则是乘客须知信息。这种车票没有磁条，乘客必须取票进站，且必须人工手动检票，因此这种"红色车票"的造假概率很大[16]。

"蓝色车票"是"红色车票"的升级版，车票含有磁条，且比"红色车票"厚一些，与地铁票类似，跟身份证和银行卡一般大小。乘客可以直接刷"蓝色车票"进站，非常方便快捷，也很难造假。

新型电子客票

▶ 45. 为什么火车票上印有字母 G、D、C、Z、T 或 K？

依据运行速度、停站次数和停站时间的不同，我国旅客列车分为高速动车组列车、城际(市域)动车组列车、动车组旅客列车、直达特快旅客列车、特快旅客列车、快速旅客列车、普通旅客列车等类型。下图分别为我国的"复兴号"列车和旅游专列。在日本高速铁路上，运行着三种不同速度等级的旅客列车，即"希望号"、"光号"和"声号"。在德国高速铁路上，旅客列车也分为高速列车和普通城际列车。

"复兴号"列车
（图片来源:http://unsplash.dogedoge.com）

我国列车车次编号采用的字母是列车种类的第一个字的拼音首字母大写。如"高铁"的"高"，拼音为"gao"，所以高铁列车车次编号以"G"开头，其速度一般为300～350km/h；"D"代表动车，其速度一般为200～250km/h；"C"代表城轨列车，其速度为200～250km/h，一般在两个城市之间运行，如莞惠(东莞—惠州)城轨；"Z"代表直达列车，最高限速160km/h；"T"代表特快列车，最高限速140km/h；"K"代表快车，其速度为90～120km/h；"L"代表临时旅客列车(跨局)，其速度根据实际情况调整。

▶ 46. 为什么相比飞机，有人更愿意乘坐高铁？

在没有高铁以前，很多旅客出远门时会选择搭乘飞机。飞机最大的优势在于速度快，民航客机的速度通常保持在 800～900km/h，例如，A320 系列客机正常巡航速度为 828km/h，A340-200 客机正常巡航速度为 896km/h，波音系列客机正常巡航速度为 900km/h 左右（如波音 747-800 客机正常巡航速度 917km/h）。据人民网报道，截至 2020 年 3 月 1 日，中国飞行时间最长的航班是广州－乌鲁木齐－喀什航线，空中飞行时间为 6h30min。这意味着在国内，乘坐飞机可以让我们在一天之内完成旅程中的大部分距离。

成都航空公司飞机

在高铁成网、高铁里程仍在不断增加的今天，人们出远门时又多了一个可供选择的交通工具，而高铁对飞机的分流作用也愈发明显。飞机比高铁的速度快，平时折扣力度也很大，那为什么很多人宁愿坐高铁也不坐飞机呢？

首先，旅客不能随时买到折扣机票，并且折扣机票的使用规则不一定符合旅客需求。折扣机票是相对于全价机票而言的。全价机票（又称为正价票）指旅客购买的是航空公司按正常票价出售的机票，它允许进行签转和更改，一年有效。但是折扣机票一般不允许签转或退票，折扣机票可能会被限制在一周内的特定几天或一天内的特定时段出售，且每个航班一般仅有几张折扣票，通常很快就会被售完。

其次，与飞机相比，高铁具有很多优势。第一，高铁运行受天气影响小。虽然高铁列车也会有晚点的情况，但相对而言，高铁列车的准点率远高于飞机。因此，考虑到特殊天气和准点率，更多的旅客会选择高铁出行。第二，在中短途出行中，高铁具有巨大的竞争优势。乘坐飞机时虽然在空中飞行的时间短，但是机场一般建在郊区，从市区到机场需要较长时间，且因为要办理登机手续和进行安检，所以乘客需要提前很长时间到达机场。高铁不仅乘坐流程简洁，而且乘客能带上车的物品相较于飞机要更多一些。

最后，一些乘客由于自身身体原因(如恐高、晕机等)，不能乘坐飞机。还有一些乘客因喜欢享受高铁列车上宽敞的座位、平稳舒适的环境而更青睐于搭乘高铁出行。

▶ 47. 为什么高铁无座票价和二等座票价一样？

通常来说，我国高铁成网条件下，铁路的运输能力基本能够满足乘客出行需求，但是由于客流量的波动，有时旅客出行人数多，铁路就只能采取无座票的方式解决。

无座票也称为站票，通常在春运、暑运等出行高峰期出售较多。

铁路客票价格是在综合考虑基本票价、加快票价、空调票价、卧铺(上铺、中铺、下铺)票价、座位等级票价、候车室空调费等要素后确定的。基本票价一般按照里程计算，能够影响高铁座票和无座票价格的要素则为增值服务。对于乘客来说，乘坐同一列高铁列车出行，影响二等座和无座票价的要素(基本票价、空调票价等)是一样的，但无座不能享受二等座服务，所以不应该与二等座同价。那么，无座票价格为什么不能按照二等座票价的一半出售呢？

首先，铁路部门要考虑公平性问题。无座票半价会导致不公平。假设无座票的价格是二等座票价的一半，那么很多人在考虑经济因素后会选择无座票而不选择二等座票。这样做的结果就是在铁路出行淡季，高铁列车上会出现很多二等座空出来的现象。买了无座票的人很可能由于站位空间不足或其他原因而坐在空出来的二等座座位上，这样对于买二等座全价票的乘客来说未免有失公平。

其次，相对于座票，无座票的管理成本更高。例如，无座乘客没有固定的乘车位置，其流动性较大，列车乘务员查票的人工成本更高。此外，无座乘客还可能会额外增加一些其他的客运服务（如设备维修等），也需要投入大量的人力、物力、财力。

因此，出于对大众利益的综合考量，高铁无座票和二等座票票价一样。

第6章　高铁旅客进出站的为什么

▶ **48. 为什么乘客迟到后跳过护栏强行进站会被限制乘坐火车？**

据环球网报道，2018 年 5 月 1 日 18:30 左右，杨陵南站开往兰州西站的 D2569 次列车已经停止检票并关闭闸机，乘客罗某迟到后跳过护栏强行进站，站务人员极力阻拦，乘客罗某不仅辱骂而且还动手撕扯推搡打伤工作人员。西安铁路公安处杨陵南站民警赶到后，这名乘客全程不配合，情绪激动、撒泼耍横，辱骂民警，被处以行政拘留 7 天的处罚。

高铁检票口

自 2018 年 5 月 1 日起，国家发展改革委、中央文明办、最高人民法院等多个部门联合印发的《关于在一定期限内适当限制特定严重失信人乘坐火车　推动社会信用体系建设的意见》（以下简称《意见》）开始实施，根据《意见》规定，乘客罗某被列入"失信黑名单"，在接下来的 180 天内，他将被限制乘坐所有火车。《意见》明确限制乘坐火车范围包括两类人：

（1）严重影响铁路运行安全和生产安全有关的行为责任人被公安机关处罚或铁路站车单位认定的，行为责任人限制乘坐火车。具体包括：①扰乱铁路站车运输秩序且危及铁路安全、造成严重社会不良影响的；②在动车组列车上吸烟或者在其他列车的禁烟区域吸烟的；③查处的倒卖车票、制贩假票的；④冒用优惠（待）身份证件、使用伪造或无效优惠（待）身份证件购票乘车的；⑤持伪造、过期等无效车票或冒用挂失补车票乘车的；⑥无票乘车、越站（席）乘车且拒不补票的；⑦依据相关法律法规应予以行政处罚的。

（2）其他领域的严重违法失信行为有关责任人，行为责任人限制乘坐火车高级别席位，包括列车软卧、G 字头动车组列车全部座位、其他动车组列车一等座以上座位。具体包括：①有履行能力但拒不履行的重大税收违法案件当事人。②在财政性资金管理使用领域中存在弄虚作假、虚报冒领、骗取套取、截留挪用、拖欠国际金融组织和外国政府到期债务的严重失信行为责任人。③在社会保险领域中存在以下情形的严重失信行为责任人：用人单位未按相关规定参加社会保险且拒不整改的；用人单位未如实申报社会保险缴费基数且拒不整改的；应缴纳社会保险费且具备缴纳能力但拒不缴纳的；隐匿、转移、侵占、挪用社会保险基金或者违规投资运营的；以欺诈、伪造证明材料或者其他手段骗取社会保险待遇的；社会保险服务机构违反服务协议或相关规定的；拒绝协助社会保险行政部门对事故和问题进行调查核实的。④证券、期货违法被处以罚没款，逾期未缴纳的；上市公司相关责任主体逾期不履行公开承诺的。⑤被人民法院按照有关规定依法采取限制消费措施，或依法纳入失信被执行名单的。⑥相关部门认定的其他限制乘坐火车高级别席位的严重失信行为责任人，相关部门加入该《意见》的，应当通过修改该《意见》的方式予以明确。

▶ 49. 为什么在高铁车站进行安检时总要过一道"门"？

　　旅客乘坐高铁前，安检是必不可少的重要环节。安检通常设在车站的进站口，旅客在完成验票后随即排队进行安检。安检内容包括人身安检和行李安检两部分，目前国内主要大型高铁客运站的安检是两者同时进行的，即携带行李的旅客先将行李放置在安检传送带上（未携带行李的旅客只需进行人身安检），随后通过安检门步行至手检台进行人身安检，在人身安检结束后步行至安检仪尾部取走行李并进入候车区。整个安检过程为放置行李—人身检查—取行李离开。

　　安检门，又称为金属探测门，是用于检测旅客是否携带有金属物品的设备。在机场、车站等场所设置安检门安检大大提高了旅客出行的安全性。安检门采用磁场感应技术，其在工作时，内部会形成稳定的磁场分布，如果有

高铁安检门

金属物品经过，就会破坏安检门自身的磁场，从而被安检门感应到。同时，安检门会被划分成不同区域，如单区、3区、6区、8区、12区、18区，甚至33区。安检门的区域不是随意划分的，其根据人体的结构分为腿、脚、大腿口袋区域，以及腰部裤带区域、衣服口袋区域、头部帽子区域等。当这些区域存在金属物品

时，安检门就会发出警报，提示安检人员需要做进一步的检查。如此一来，安检人员就可以更快速、更精准地找到旅客所携带的金属物品。

在车站、机场等人员密集的场所，与安检门及金属探测器配套使用的还有 X 光行李检测机，它用于对旅客的行李进行排查。正是有了安检设备及安检人员的检查，这些场所的安全性才大大提高。

随着时代的发展，安检设备也在不断升级更新。例如，中国科学院大连化学物理研究所李海洋团队就研制出多款用于现场进行高通量安全性检查的新型设备，包括便携式痕量爆炸物检测仪、通道式痕量爆炸物自动检测仪和电池手机安全性检测仪。这些设备在 2021 年春节前夕已在辽宁省大连市的地铁、高铁站、机场应用，实现了对疑似爆炸物包裹的快速分析排查和有效探爆，为公共安全风险防控的现场快速处置提供了技术支撑。便携式痕量爆炸物检测仪将爆炸物的检测种类从 10 种扩大至 21 种，检测灵敏度可达 1ng，最快检出报警时间仅为 2s。通道式痕量爆炸物自动检测仪自动采集行李包裹携带的违禁爆炸物，并进行分析和报警。电池手机安全性检测仪也是一种新型检测设备，可实现对伪装的电池手机炸弹和危险性高的电池手机的识别判断[1]。

▶ 50. 为什么高铁检票口分为 A、B 检票口？

高铁 A、B 检票口的作用不同，A 检票口是前半段车厢乘客的进出站口，B 检票口是后半段车厢乘客的进出站口。当高铁站遇到车厢较长的列车时，A、B 检票口可为乘客提供两种进出站选择，但车站工作人员会尽可能让乘客从较近的检票口出入，这样可以提高检票率，同时也对乘客起到了很好的分流作用。

高铁列车一般有 8 节或 16 节车厢，8 节车厢的列车称为短编列车，16 节车厢的列车一般由两列 8 节车厢的列车重联而成或者直接是长编车体。因此，绝大多数高铁车站站台的长度是按照比 16 节车厢稍长一些来设计的，而候车室则被对称地安排在站台中央的上方。

---

[1] 资料来源：中国科学院官网。

高铁检票口提示屏

对于 8 节车厢的列车，虽然站台够长，但是一般情况下列车会停靠在站台的一侧，而不是居中停靠，在这种情况下车站只会开放一个检票口（检票口 A 或者检票口 B）。如果是一列 16 节车厢的高速动车组列车停靠，则仅仅开启一个检票口会导致楼梯过于拥挤，且会降低检票率，这时候就需要同时开启 A、B 检票口。

▶ 51. 为什么高铁列车能准确停靠在站台？

每当高铁列车进站时，你是否会好奇车站有这么多站台，高铁列车怎么知道应该停靠在哪一个站台上？高铁列车能有序停靠，是因为许许多多铁路职工在默默付出，而担负指挥高铁列车停靠这一工作的就是高铁调度员。高铁调度员主要负责按列车运行图指挥高铁安全运行，高铁列车在进站时停靠哪个站台，需要听从高铁调度员发送的调度命令。只要按照高铁调度员发送的命令停靠，高铁列车就能准确无误地进站并停靠在指定的站台上。高铁列车司机通过机车综合无线通信设备（cab integrated radio communication equipment，CIR），可以准确接收高铁调度员发送的列车进站停靠命令，从而可以提前了解前方车站进路排列情况，确保高铁列车准确无误地停靠在指定的站台上。那么，高铁列车司机是怎么通过 CIR 接收高铁调度员指令的呢？简单来说，高铁调度员发出的进站停靠命令先通过铁路综合数字移动通信系统网络（GSM-R）发送出去，再由高铁上的 CIR 进行接收，最终被传达给高铁列车司机，从而实现进站停靠信息提前预告，确保高铁安全运行。

GSM-R 这么重要，那具体是谁在负责它的日常运行维护呢？是铁路通信工。机房线路测试、网管数据配置、基站无线信号测试等工作，都是由铁路通信工来负责的，正是他们保障着高铁调度员与高铁列车司机之间的正常通信。

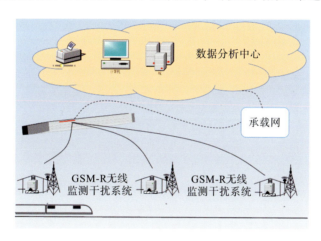

高铁运行数据传播过程

▶ 52. 为什么高铁日间行车还要"开灯"？

乘客在站台候车或进入高铁车厢时可能会注意到，高铁列车车头及车厢内的灯都是常亮的，其原因如下：

列车头开灯是出于对安全的考虑。铁路信号分为听觉信号和视觉信号，它们都是列车运行作业时的信号。列车开灯属于列车的视觉信号范围，亮不同的灯代表不同的信号，列车严格按照指示来亮灯，与平时在站台等待列车进站时听到的列车鸣笛信号同一道理，目的是警示前方的列车快要到了，提醒站台工作人员和候车的乘客注意保持安全距离。此外，遇到各种极端天气，打开车灯可以方便司机观察路况。

列车车厢内亮灯是为了乘客的乘车安全。列车在行驶过程中会途经丘陵、平原、盆地等，一路上可能要经过多个隧道，列车所到之处光线会随着户外环境而改变，因此会发生光线突然变暗或变亮的情况，车厢内保持亮灯可以让乘客适应列车内光线的突然变化，从而不影响乘客在列车上的行动。如今我国高铁车厢已经可以实现光线调节，复兴号动车组车厢照明系统就设有多种照明控制模式，可根据旅客需求提供不同的光线环境，车厢灯光会根据户外情况自动调节，走廊顶部的灯光，亮度高低、光线冷暖均可自由调节，商务座的座位旁设有筒灯调节开关，乘客可根据自己的需求调节灯光亮度、色温。

▶ 53. 为什么高铁不能等待乘客？

据央视网报道，2018年1月5日，由安徽蚌埠南开往广州南站的G1747次列车在合肥站准备开车时，旅客罗某以等丈夫为由，用身体强行阻拦车门关闭，不听劝阻，造成该车次列车延迟发车。合肥铁路警方介绍，罗某的行为涉嫌"非法拦截列车、阻断铁路运输"，其扰乱了铁路车站、列车正常秩序，违反了《铁路安全管理条例》第七十七条规定，公安机关依法对其采取罚款2000元的处罚。按照高铁运营规则，列车到站后，若因特殊原因多次开、关门，则必须将其记录到行车日志当中。设立该规定的原因，正是出于对所有乘客的安全考虑。况且，多次开、关门也会造成对铁路资源的浪费，影响整个铁路运营网的运行效率。

高铁不能等待乘客，是从高铁的安全性和准时性这两个方面来考量的。列车时刻表是高铁安全准点运行的保证。高铁列车按照列车时刻表的规定从车站出发、到达车站、通过车站以及在区间中运行。一旦一辆列车提前或推迟，则将影响整条线路上的其他列车，而重新调整和恢复列车的运行是十分复杂的。如今，我国高铁已开行时速200～350km的列车，并采用高铁列车运行控制系统[如CTCS-2（Chinese Train Control System-2）、CTCS-3（Chinese Train Control System-3）等]进行控制，能够实现不同速度等级列车的跨线运行，很好地适应了我国高铁列车运行速度快、铁路枢纽多和发车间隔短的特点。

高铁车站 CTC 调度台

▶ 54. 为什么小朋友乘车时也必须携带有效身份证件？

如今旅客无须提前换取纸质车票，刷身份证即可快速进站。在享受乘车便利的同时，不少家长仍担心自己的孩子没有身份证该如何乘车。

自 2023 年 1 月 1 日起，儿童票不再以身高为标准，而以年龄为标准。随同成年人乘车的儿童，年满 6 周岁且未满 14 周岁的应当购买儿童优惠票；年满 14 周岁，购买全价票。每一名成年人旅客可免费携带一名未满 6 周岁且不单独占用席位的儿童乘车，超过一名时，超过人数应当购买儿童优惠票。儿童年龄按乘车日期计算，免费乘车的儿童，如需单独使用席位，应购买儿童优惠票。

同时，自 2023 年 7 月 20 日起，未携带任何有效身份证件也没有办理身份证的未成年人不能进站乘车，即儿童(含免费乘车儿童)乘车时也必须携带有效身份证件。儿童有效身份证件包含：中华人民共和国居民身份证(含中华人民共和国临时居民身份证)、居民户口簿、中华人民共和国护照、中华人民共和国出入境通行证、中华人民共和国旅行证、新生儿出生医学证明、公安机关出具的临时乘车身份证明、中华人民共和国港澳居民居住证、中华人民共和国台湾居民居住证、港澳居民来往内地通行证、往来港澳通行证、大陆居民往来台湾通行证、台湾居民来往大陆通行证、中华人民共和国外国人永久居留身份证、外国人护照、外国人出入境证等。

如果忘记携带儿童有效身份证件或者儿童有效身份证件丢失，可以在车站公安制证窗口办理临时身份证明，已办理中国居民身份证的未成年人，也可以通过铁路 12306 APP 办理电子临时乘车身份证明。

▶ 55. 为什么高铁车站检票时间短？

可能很多旅客心里都有疑问，为什么高铁车站的检票时间那么短？为什么距离列车出发还有 5min 就停止检票呢？

第一是为了避免检票混乱。高铁车站的检票时间一般会比列车出发时间提前 15～20min，如果提前检票的时间过早，那很有可能出现多个班次列车同时检票。如此一来，就有可能造成旅客走错站台或是上错车的情况。其次，检票口有限，但是需要检票的车次很多，因此严格控制检票时间很有必要，15～20min 这个时间设置就较为合理。

第二是为了保证列车正点发车。高铁站的站台数量是固定的，但每天经过高铁站的车次较多，尤其是出行高峰期高铁车次多且发车时间非常相近，如果不合理安排检票时间，下一班列车就无法按时正常进站，这将可能导致多个车次晚点。同时发车间隔是一项非常重要的安全数据，因此必须合理安排检票时间以保证发车间隔控制在正常范围内。

第三主要是因为站台的容量有限。如果过早检票会有不同班次的旅客都拥挤在站台两端，一旦发生推搡，有可能导致乘客掉下站台危及乘客人身安全。

此外，不同的高铁车站停止检票的时间略有不同，有的距离列车出发前 10 分钟停止检票，有的距离列车出发前 5 分钟停止检票，还有的距离列车出发前 3 分钟停止检票。这个时间越短，说明列车的出行效率越高，停止检票后车站会关闭检票口，不允许乘客再上列车。这样做的原因是，一方面，必须预留一定时间以确定所有乘客是否都已上车，以及列车车门是否已关好，一切准备就绪后，列车才可以出发；另一方面，距离列车出发停止检票的时间越短，用于检票的时间就越长，乘客就有更多的时间进行检票。

▶ 56. 为什么高铁站台没有地铁站台那样的屏蔽门？

据高铁网报道，2017 年 3 月 26 日，上海虹桥—汉口的 D3026/7 次列车在到达南京南站并进入 21 号站台时，一男子突然从对面 22 号站台跳下，横越轨道，试图抢在 D3026/7 次列车前翻上 21 号站台，列车立即停车该男子被夹在 D3026/7 次列车 1 号车厢与站台之间。车站工作人员第一时间拨打电话通知 120 急救中心、公安和消防部门到现场救援。经过救援人员的全力救援，该男子被救出，但终因伤势过重不幸身亡。

高铁站台

那么，高铁站台安装地铁站台上那样的屏蔽门是否能避免此类惨案的发生？我们首先要明白屏蔽门的用途。

1）有效保障乘客安全

地铁客流呈规律性波动，且会出现短时大客流聚集站台的情况（早晚高峰期），由于站台面积相对有限，为防止人员拥挤导致乘客不慎跌落站台缝隙，地铁站台会安装屏蔽门以有效保障乘客安全。

2）节能环保

由于地下车站和区间隧道都是长条形的地下建筑，除车站的出入口、通风亭和隧道洞口与室外相通外，其余部分基本与室外隔离，因此需要环控系统来保证乘客和设备的安全。设置闭式屏蔽门后，车站候车空间与列车运行空间完全分开，从而避免了大量空调冷气进入隧道，减少了进入候车区的列车刹车时所散发出的

地铁站台屏蔽门

热量，以及站台出入口由于列车活塞作用而吸入大量新风所带来的负荷。因此，设置屏蔽门既减少了冷气消耗，又减少了空调设备的数量及空调设备方面的投资，起到了节能环保作用。例如，新加坡常年气候炎热，其空调运行费用在其地铁运行成本中占较大比重，安装屏蔽门后其空调节能率达到50%左右。

3）提高站台服务水平

列车在行驶时会产生较大的噪声，安装全高闭式屏蔽门之后，站台和轨道之

间形成了一个隔音屏障，这大大降低了地铁候车区域的噪声强度[降低 20～25dB(A)]。而半高式屏蔽门，能减少噪声 10～15dB(A)。同时，屏蔽门还可以把活塞风从隧道中带来的垃圾和灰尘拒之门外，大大提升乘客候车舒适度与站台清洁度，使候车区域保持良好的环境。另外，安装屏蔽门后，可节省站台边缘设置的 1m 警戒线空间，使站台有效使用面积增加，基础设施的有效使用率和站台服务水平得到提高。

4)降低管理成本

地铁站台长约 144m，在线路上特别是在曲线线路上，从车头和车尾都无法看到整辆列车，如果采用站务人员人工监视列车的方法，就必须增加车站工作人员。设置屏蔽门之后，站台上无须站务人员维持秩序，只需司机一人操作就可保证乘客安全，从而减少了站台上的工作人员，降低了地铁的运营成本。

但是高铁线路上开行的高铁列车型号多样，由于车门位置不一致，高铁站台上设置屏蔽门技术难度大。另外，高铁列车的速度很快，它与空气相互作用后形成的冲击波对门的影响很大，地铁列车的速度远低于高铁列车，其与空气相互作用后形成的冲击波对门的影响相对较小。而且高铁列车在停靠站台时，其车门必须对准相应的屏蔽门，如果门出现问题，或停靠有所偏离，则会给乘客上下车、高铁运行都带来很大影响，综合各种因素，高铁站台一般不设置屏蔽门[17]。

第7章　高铁旅客乘车的为什么

▶ 57. 为什么 60 岁以上的老年人乘坐高铁列车可享受"特权"？

据央视网报道，铁路部门不断推出电子客票、刷脸核验、在线选座、网上订餐等便民利民措施，落实老年人和脱网人群服务保障措施，使"坐着高铁看中国"成为百姓出行的真实写照。为了方便老年人购票乘车，主要有以下措施：

（1）年满 60 岁的老年人，购买卧铺票时优先分配下铺。铁路 12306 对网络售票系统进行了优化调整，在票量充足的情况下，能自动识别 60 岁以上的老年旅客并优先分配下铺。如果是多人同行一份订单，系统也会自动分配相邻座位。

老年人优先分配下铺

（2）保留支持现金支付的人工售票窗口。铁路部门顺应时代发展，调整了人工售票窗口的规模，在网络购票和无票进站的两大趋势下，为了更好地服务使用现金购票的老年人，每个车站仍保留了支持现金支付的人工售票窗口。

我国老年人的数量正在持续增长，对于老年人来说，时代的快速发展，新事物的层出不穷，让他们中的大多数人感到学习和接受起来有些吃力。在网络盛行的时代，一部手机就能够解决很多问题，但由于老年人不擅长使用智能设备，并不能很熟练地使用手机，为了让老年人也能适应"互联网社会"，铁路部门一直在积极响应社会号召，让老年人也能便捷出行。

▶ 58. 为什么春运压力大的时候可以开行夜间高铁列车？

每年春运对于铁路部门来说，都是一年中最大的考验，由于返乡人群数目庞大，人口流动性大，铁路运输的压力也成倍增加，2019 年为期 40 天的春运期间，全国铁路累计发送旅客达 4.1 亿人次。为了保证运输任务顺利完成，铁路部门近年来推出了多趟夜间车次以满足乘客的出行需求，缓解白天的客运压力。因此，有人不免产生这样的疑问：为什么高速铁路为了保证夜间检修一般不开行夜间列车，春运期间却能增加夜间车次呢？

1) 取消了部分检修作业，压缩了天窗时间

为了确保列车的正常运行，除了继续保持车下、车顶、高压设备以及车底走行部等一些关键设备的检修外，取消了天窗期间的其他检修作业，天窗时间相比平时压缩了将近一个小时。

2) 压缩检修时间，作业更加紧密

由于高铁夜间运营打破了常规，动车组检修作业也随之受到影响。部分列车早晨回到动车段后下午就又要开行，也有部分列车晚上回到动车段后凌晨一两点又需担当夜间列车的开行任务，因此能提供给列车检修的时间非常有限，常规的夜间检修模式已经不能满足要求。由于列车检修时间被压缩、检车数量增加，动车段检修压力较大，因此对于检修的时间节点把控要求非常高，检修作业相比往常更加紧密。

3）工作人员的努力

为了能让旅客在旅途中有个安全、有序的出行体验，检修人员对房建设备和上水设备进行巡检及安全隐患的整治等相比平时更加频繁。同时，需要更加高效地完成"抢天窗"工作，以保证设备的正常运行，确保列车顺利发出。

但是除了节假日以外，平时夜间客流量很小，出行密度低，开行过多夜间列车会造成大量资源损耗，因此只有部分客流量较大的高铁线路才会开行夜间列车。

▶ 59. 为什么"复兴号"动车座位上方的指示灯有红、绿、黄三种颜色？

在"复兴号"动车车厢行李架下方可以看到圆点状的指示灯，其对应着座位号及座位的使用情况，可通过颜色进行识别。

"复兴号"动车座位上方的指示灯

（1）红色：代表该座位在当前车站有旅客（已售）。

（2）绿色：代表该座位在当前车站没有旅客，且在下一站也没有旅客（未售）。

（3）黄色：代表该座位在当前车站没有旅客，但在下一站会有旅客（预售）。

由中国铁道科学研究院集团有限公司提供技术支持的座显系统可以帮助列车乘务人员对旅客进行有效的组织与管理，以方便检票。座显系统自2017年6月上线以来，已成为"复兴号"列车的标准配置，也是"复兴号"列车智能化的体现之一。

乘客信息系统(passenger information system，PIS)是列车里为乘客提供各类资讯的服务系统。PIS 依托多媒体网络技术，以计算机系统为核心，以车站和车载显示终端为媒介，向乘客提供信息服务。该系统在正常情况下，可为乘客提供乘车须知、列车首末车服务时间、列车到站时间、列车时刻表、管理者公告等运营信息及政府公告、媒体新闻、赛事直播、广告等公共媒体信息。在紧急情况下，该系统可提供动态辅助性提示，尤其是在发生火灾、阻塞及恐怖袭击等情况下，其可提供动态紧急疏散提示。乘客通过正确的服务信息引导，可安全、便捷地乘坐列车。

列车信息是通过 PIS 进行设定的，车身内外显示的列车信息一致。"复兴号"列车在出发前会将 PIS 信息通过座显控制器传送给座显接入点，座显接入点通过无线网络向站车无线交互系统请求客票基础数据。座显系统可连接铁路客票系统，实时动态地获取列车沿途各车站客票数据，并将实时客票信息通过列车座位上方的状态指示灯进行显示。当列车抵达终点站并准备执行下一车次时，只需要列车乘务人员手动切换 PIS 信息即可。

▶ 60. 为什么高铁列车乘务员上班总看"手机"？

经常乘坐高铁出行的乘客可能会注意到乘务员手中有一台黑色触屏 "手机"。这款设备被称为站车无线交互手持终端机(简称交互机)，它不但能提高乘务人员的工作效率，也能帮旅客解决许多实际困难。

1)寻回高铁列车上乘客遗失物品

据潇湘晨报报道，2020 年 8 月 10 日上午 9:00，武汉市民邬女士乘坐 G77 次列车前往长沙，10:19 到达长沙南站。下车时，她不慎将一顶新买的帽子遗失在座位上，出站时才发现。她第一时间拨打了 12306 铁路客服热线，并将她的座位信息报给了客服人员。没过多久她就接到了列车长的电话，并被告知帽子找到了。电话里，她和列车长约定了交接物品的方式。

其实，邬女士能如此迅速地找回丢失的物品，要归功于铁路部门功能强大的站车无线交互系统。

交互机

　　12306 客服人员在受理邬女士的诉求后，立即查询到了 G77 次列车的运行情况和值乘人员情况，并将乘客邬女士遗失帽子的信息以工单的形式发送到列车长的手持交互机上。列车长看到信息后，找到邬女士乘坐过的座位，发现了仍然挂在衣帽钩上的帽子，并通过邬女士留的电话回复了她。

　　2）快速帮旅客查询座位信息

　　电子客票上线后，帮乘客查询座位信息就成了交互机的又一个非常重要的作用。在此之前，乘客都是凭纸质车票进站上车，然后对号入座，乘务员基本上不需要帮乘客找座位。现在普及使用电子客票后，相当一部分中老年人都由子女帮忙买票，他们只需要刷身份证就能进站上车，有时候会忘了具体的车厢和座位号。遇到这种情况时，乘务员只需将旅客的身份证放在交互机上刷一下，就能知道对方具体的座位信息，十分方便。

　　3）在隧道没有信号时与外界联系

　　如果遇到乘客在列车上突发疾病，但手机又因没有信号而打不出去电话的紧急情况，手持交互机能很好地解决这一问题。例如，曾经有一名乘客突发疾病，由于列车正好行驶在武汉—信阳区间，山洞、隧道一个接着一个，完全没有手机信号，因此无法通过普通手机联系前方车站给予接站帮助。而手持交互机使用的是铁路内部独立的网络，不受手机网络的限制，因此该车列车长立即通过交互机联系了调度中心和信阳站，信阳站工作人员提前安排了医务人员在站台等候，让突发疾病的乘客在到站后第一时间得到了救治。

站车无线交互手持终端机还有余票查询、挂失补办理、中转换乘等近 10 项功能，不但能让乘务人员提高工作效率，也能帮旅客解决许多实际困难。

▶ 61. 为什么高铁列车上不能吸烟？

高铁列车的速度很快，因此在设计上更为科学严谨，其具有高度封闭的结构，采用了电脑自动控制系统和空气内循环系统。在这个有限的高封闭性空间中，烟味、异味以及其他有毒有害气体可能会通过空调系统扩散，从而影响乘客的健康。同时，吸烟容易触发高铁列车上的烟雾报警装置，导致列车自动降速或停车。在高铁线路高密度、高频次发送列车的情况下，任何一趟列车的降速或停车都有可能引发事故。而且吸烟者所携带的物品，如气体打火机等，属于易燃易爆物品。在高速行驶的列车上，这样的物品足以对列车和乘客构成潜在的巨大安全隐患。为此，高铁列车在车内各处都设置了不少烟雾和火警探测警报器，其探测范围覆盖车厢的每一个角落，可保障乘客在乘车时的人身安全。

我国的高速列车一律禁止吸烟。根据《中华人民共和国治安管理处罚法》和《铁路安全管理条例》的相关规定，对于在高速列车上吸烟的人员，可处以 500～2000 元的罚款。除此之外，违反相关规定的人员还会被列入失信人员禁乘名单，禁乘最长期限达 180 天，对吸烟导致列车火灾等严重后果的，依法追究刑事责任。

▶ 62. 为什么高铁列车到站后厕所还可以使用？

乘坐普速列车时，火车到达站台后不允许乘客使用车上的厕所，列车驶离车站一段距离以后，才可以使用厕所。而乘坐高铁列车时，列车到站后厕所还可以使用。为什么会有这种不同呢？这要从火车的排污系统说起。

　　我国早期的旅客列车基本上采用直排式厕所，也就是直接将排泄物排放在沿途的铁轨上，有时我们甚至能通过直排式下水管里看到火车轨道，这些排泄物在沿途的轨道上会慢慢自然降解，但是如果在站台里直接排放会怎么样呢？整个站台就会弥漫着一股难闻的味道，这自然是我们不愿意见到的，所以配备直排式厕所的火车不允许乘客在火车到站时使用厕所。

普速列车

　　而现在的高铁列车均采用真空式集便装置，排泄物会因为真空吸力直接被吸到车底部的污物箱里，到达终点站之后会有专门的吸污车吸走污物并集中进行处理。高铁列车的厕所每次冲洗间隔时间为 2 分钟，并且有自动记忆功能，其比以往普通火车的厕所更为先进和智能。

高铁列车的集便式厕所

关于直排式厕所，很多人都会觉得，每天大大小小数百列列车行驶在轨道上，数以万计的人会在火车上使用厕所，轨道上一定布满了排泄物，那为什么我们却很少见到轨道上有排泄物呢？首先，厕所配备的高压水枪会将排泄物冲击成碎片后排走，这些碎片从高速行驶的列车中落下，被风一吹就散开了，不会一块一块地落在轨道上。而大自然是最好的消除痕迹的工具，一场大雨或者轨道旁的蚁群就能将沿途的排泄物分解。

▶ 63. 为什么高铁列车到站后座椅要转向？

动车组列车两端都有车头，不需要调整列车方向即可换向运行。而高铁列车到站后座椅转向主要是为了让乘客的视野方向与列车运行方向保持一致，让乘客感觉更舒服。就像坐汽车一样，在汽车里坐反向的座椅，可能会出现头晕等不适症状，而且高铁列车可能会出现突然加速的情况，这时坐反向座椅的乘客容易从座位上跌落。高铁列车内所有座椅都能 180° 旋转，坐垫也可以跟着调节。每节车厢的头部和尾部一般都是商务座，乘坐商务座的乘客不仅能旋转座椅，还可以平躺在座椅上，商务座为乘客提供了更舒适的出行体验。

动车组列车车头

列车到站后，乘务员不仅需要调整座椅方向，还需要复位小桌板、座椅靠背、车窗遮阳板，并检查旅客是否遗漏物品。此外，乘务员要对车厢进行清洁打扫，清理座椅网兜内和座位下方的垃圾，补充清洁袋，对卫生间等重点处所进行消毒，以迎接下一班旅客的到来。如果我们在下车前，调整座椅靠背，收起小桌板，放下座椅扶手，那么就可以为乘务员减少工作内容，节省他们的工作时间。

▶ 64. 为什么人们对高铁列车的空调制冷效果感觉不一样？

动车组列车车厢是一个密闭空间，依靠空调与外界进行空气流通。动车组列车空调系统一般由客室空调机组、空调控制器、连接道、废排单元、混合箱及压力波组件等组成。为了提升旅客乘坐舒适度，动车组列车全部配备了空调系统，并在每节车厢压力波组件的外格栅上布置了温度传感器，用于采集客室外的环境温度值；在车厢内部对角线侧墙上布置了两个温度传感器，用于采集客室内的环境温度值；在送风的风道内布置了一个温度传感器，用于采集送风温度值。动车组列车根据各个传感器采集的温度值，通过控制器合理的温度控制算法使空调工作在"全暖""半暖""通风""自动""关""半冷""全冷"等模式下，以为旅客提供舒适的车内环境。

一般而言，动车组列车空调温度设置在 22~26℃。当车厢内温度高于设置的温度时，空调就会制冷(温度控制算法发挥作用)，当车厢内温度低于设置的温度时，空调会停止制冷。

乘客乘坐动车时最好根据自身的情况以及座位在车厢中的位置等因素，调整自己的衣物，以防对车内的温度不适应。

那么，身处同一节车厢，为什么有人觉得热有人觉得冷？其实体感温度和实际温度是两回事，个人体质等因素也会让你觉得热或冷。

影响温度感受的因素主要包括以下几个方面。

(1)车厢内出风口等不同区域的温度会略有差异，位于出风口的部分乘客可能会因为冷风直吹而感觉温度偏低。

(2)出行高峰期车厢内乘客较多，部分乘客会感觉温度偏高；出行淡季车厢内乘客相对较少，部分乘客会感觉温度偏低。

(3)不同乘客因体感差异而对空调温度有不同感受，尤其是老人和小孩对温度更敏感。

　　我们在夏天乘坐高铁列车，如果觉得空调温度太低，该怎么办？车厢里的空调温度可以调节吗？

　　与飞机不同，列车只有商务座提供免费毛毯。如果我们坐在二等座的座位上，可以手动调节空调温度。在每排座椅靠窗位置的上方，有一排出风口，空调的风力可以根据旅客需要进行手动调节，这也是最简单的空调温度调节方式。

　　大多数车型的出风口靠近窗户，走道的冷气会相对少一些。对空调冷气敏感的乘客，建议购票时选择靠过道的座位，怕热的乘客可以选择靠窗的座位。

▶ 65. 为什么高铁列车部分坐席没有 B 座和 E 座？

　　早期的飞机多为单通道，一般每排有 6 个座椅（座椅 A～F），这样就形成了座椅 A 和座椅 F 靠窗，座椅 C 和座椅 D 靠过道，座椅 B 和座椅 E 处于中间位置的座位格局。久而久之，A～F 这 6 个字母就不再单纯地表示顺序，它们的这种用法成为一种国际惯例。因为高铁列车每排的座椅不超过 6 个，和飞机座椅相同，于是便遵循了这种惯例。

高铁列车座位示意图

高铁列车二等座，采取的是"3+2"座椅排列方式，A、F 表示靠窗座位，C、D 表示靠过道座位，B 表示三人座位(座位 A～C)中的中间座位，所以就只有 A、B、C、D、F 5 个字母，而没有字母 E。一等座采取"2+2"座椅排列方式，A、F 表示靠窗座位，C、D 表示靠过道座位，由于没有中间座位，因此一等座没有代表中间座位的字母 B 和 E。以此类推，一些高铁列车在车厢内还设置了高端的商务座或 VIP 座位，这样的座位采取"2+1"座椅排列方式，即 A、C 分别表示一侧靠窗座位和靠过道座位，F 表示另一侧单独座位，没有字母 B、D、E。

▶ 66. 为什么高铁列车不能像飞机一样免费提供餐食？

在乘坐飞机的时候，关于安全需要遵守的规则较多，如水和气味比较大的食物，都是被禁止带上飞机的，这样就产生了一个问题：若乘客在飞机飞行过程中需要水和食物，该如何处理？于是，飞机餐在成本可以控制的情况下出现了，以解决饥饿和口渴带来的体验不佳问题。

但是高铁列车却不一样。首先高铁列车的物品限制没有飞机多，高铁列车允许乘客携带水和食物。其次，高铁列车的乘客并不是统一出发，而是在列车途经站不断有进有出，若提供免费的食物，流程上会变得非常复杂。相反，提供付费的餐饮就可以让真正有需要的乘客得到相应的服务。而且，票价不含餐食费用更有利于消费者，因为这代表把是否就餐的选择权交给消费者。而飞机运营成本较高，出于对经济利益的考虑，飞机不可能让乘客携带大量的食物。从消费心理角度看，如果让消费者在飞机上购买餐饮，那么就意味着要给予消费者充分的选择权，这就需要飞机拥有足够多的商品以供消费者选择，但现实中这很难实现。此外，飞机上环境更封闭，且飞机在飞行中可能会出现颠簸，如果乘客自带餐食，有可能餐食的强烈气味会影响空气质量或飞溅的餐食造成烫伤等。

▶ 67. 为什么广大网友会热议动车组列车互联网订餐？

据央广网报道，从 2017 年 7 月 17 日起，铁路部门在全国 27 个主要高铁客运站推出动车组列车互联网订餐服务，为旅客提供了更多品种及口味的餐食。旅客不仅可以订购高铁盒饭，还可以订购社会品牌餐食，这也标志着中国铁路首次将餐饮服务大门向社会开放。

高铁动车餐厅吧台

随着生活质量的不断提升，老百姓对饮食的要求已经从"吃得饱"转变为"吃得好"。此次铁路部门推出动车组列车互联网订餐服务，正是顺应不同地域的旅客对饮食的多样化需求。借助微信、支付宝等平台，让社会大众共同参与列车订餐服务，是铁路服务理念进一步革新的标志。高铁列车网上订餐对于老百姓来说，这是好事、喜事，它让广大旅客对订餐有了更自由的选择，因此必然会受到公众的肯定与支持。

铁路部门也一直在听取民意，为的就是让老百姓满意，这是铁路企业改革发展的动力和方向。说到底，列车餐饮服务的"开放之路"，就是赋予旅客更多自由选择的权利，旅客可根据口味喜好和消费能力找到合适的食物。

▶ 68. 为什么高铁列车上的盒饭价格较贵？

一方面，火车只是一种旅行工具，其餐饮服务成本较高。随着经济的发展，人口流动越来越频繁，越来越多的人选择乘坐火车出行，为了保证运输能力而不影响人们的出行，大部分人力和物力只能集中在提高运输能力上。因为火车餐饮服务只是火车的一个附属服务，所以一般不可能走"薄利多销"的路线，否则，不仅不能满足服务需求，而且还会增加运营负担。此外，虽然降价可以迅速提高盒饭的销量，但随意改变价格可能会扰乱市场秩序。对于铁路运输来说，任何细节上的细微变化都有可能影响整体情况。另一方面，过去火车上的盒饭是由铁路公司负责，但现在大部分都是承包出去的，许多铁路餐饮承包商推出的都是半成品食品，由于是半成品，因此还需要人工操作，这也会增加生产成本，所以盒饭降价的可能性小。

另外，截至 2022 年，铁路部门已在上海、天津、广州、南京、杭州、西安、沈阳、长春、武汉、济南、福州、厦门、长沙、成都、重庆、兰州等 43 个主要高铁客运站推出动车组列车互联网订餐服务。网络上订购的餐饮直接送到车厢座位，十分便利。

高铁餐食价目表

那怎样在高铁列车上订餐呢？

（1）旅客通过 12306 官网订票成功后，将收到是否需要订餐的提示，需要订餐时，按页面提示办理，并使用支付宝或微信支付餐款即可。

12306 官网订餐界面

（2）通过电话、车站售票窗口、代售点、自动售票机等其他渠道购票的旅客，可通过 12306 官网、手机 App 或者微信公众号订餐，订餐时只需提供车票信息和联系人信息。为了协调列车运营和商家备货的时间，旅客必须提前 2 小时点餐。

如果已订餐的旅客在网上退票、改签、变更到站，系统会提醒旅客退餐，旅客可在 12306 官网的相应网页上自行办理退餐，商家也会设定自动退餐时间、停止退餐时间。

在车站售票窗口退票、改签、变更到站的旅客，客票系统会进行信息提示，窗口工作人员也会提醒旅客到网上自行办理退餐。

▶ 69. 为什么会有厦门—厦门的动车？

厦门—厦门的 D6318 次列车是一趟环闽动车，早上 9:22 从厦门站始发，环闽一周后于下午 15:53 回到厦门站，全程 6 小时 31 分钟。

据中国新闻网报道，2018 年 12 月 29 日南平—龙岩铁路正式开通运营，这条铁路设有南平北站、延平西、三明北、三明、永安南、双洋、漳平西、雁石南、龙岩 9 个车站，建成后与合福高铁及杭深、龙厦铁路形成福建省内环形快速铁路

站次	站名	到达时间	开车时间	停车时间	运行时间
1	厦门	始发	09:22	-	-
2	漳州	09:54	09:56	2分	32分
3	南靖	10:11	10:13	2分	49分
4	龙岩	10:44	10:48	4分	1小时22分
5	漳平西	11:13	11:15	2分	1小时51分
6	双洋	11:29	11:31	2分	2小时7分

厦门—厦门的 D6318 次列车时刻表

通道。当时厦门—厦门的 D6314 次列车是最先开行的两趟环闽动车之一，2019年 1 月 5 日铁路调图后这趟列车变更为厦门—厦门的 D6318/5 次列车，出发和到达时间分别变更为上午 9:22 和下午 15:53，但线路不变，途经漳州、福州、莆田、泉州等站点。这趟列车是厦门铁路目前唯一一趟环闽列车，以厦门往福州、龙岩等地的省内短途客流为主，在中途站上车的旅客也不少，但很少出现购买厦门—厦门车票的旅客。

▶ 70. 为什么高铁列车上不能"霸座"？

近年来，高铁列车、长途客车"霸座"现象时有出现，那么乘坐交通工具时"霸座"将会面临什么处罚呢？

据中国新闻网报道，2022 年 3 月某日，由上海虹桥开往太原南的 G1956 次列车上，一名乘客强行霸占他人座位，态度蛮横拒不配合乘警和列车工作人员工作，严重扰乱了公共交通工具上的秩序，被铁路警方依法予以行政拘留 5 日的处罚。

《中华人民共和国民法典》第八百一十五条规定：旅客应当按照有效客票记载的时间、班次和座位号乘坐。与已废止的《中华人民共和国合同法》相比，《中华人民共和国民法典》在客运合同关于车票的规定中，特别增加了"座位号"这一关键词，其目的就是规制日常生活中不时出现的"霸座"行为。这些规定，从法律的角度对"霸座"行为进行了定性。无论是侵占他人的座位，还是无票乘坐、越级乘坐等行为，都会损害其他旅客或者承运人的合法权益。因此，侵占他人座位的应当归还座位，无票或者越级乘坐的应当补交票款，赔偿承运人的损失。

另外，根据《中华人民共和国治安管理处罚法》第二十三条规定，扰乱公共汽车、电车、火车、船舶、航空器或者其他公共交通工具上的秩序的，处警告或者二百元以下罚款；情节较重的，处五日以上十日以下拘留，可以并处五百元以下罚款。《关于在一定期限内适当限制特定严重失信人乘坐火车　推动社会信用体系建设的意见》中也明确规定，扰乱铁路站车运输秩序且危及铁路安全、造成严重社会不良影响的行为责任人被限制乘坐火车。

▶ 71. 为什么高铁高速行驶还能做到正常供电？

高铁每天在铁轨上高速运行，耗电量非常大，为何却很少听说它们断电？它们是在进站以后开始充电，还是在高速运行中充电？如果是以 350km/h 的速度行驶，该如何保证高速行驶中的列车能够充上电？

与家庭供电从供电公司输、配电不同，高铁用电是直接由电厂发电，通过线路输送到牵变电站，再通过接触网将电传输到高速列车上。首先，电厂发电后通过输电线路将电输送到牵引变电站（由高压输电线直接输送过去的电力是不可供高铁使用的，它需要通过牵引变电所来调整电压至适用于高铁的数值）。再通过接触网将电供给铁路。

另外，高铁用电和家庭用电也不同。家庭用电的电压一般为 220V，而高铁用电电压虽同为单相电压，但电压却高达 25（或 27.5）kV。这种单相 25（或 27.5）kV的交流电是由牵引变电所将电网输送的电转变而来的。

事实上，高铁在行驶过程中，也并不是一直都和电网相连，经常会通过一段约 100 米的无电区间（在牵引变电所和供电臂之间，叫作"电分相"），通过这段区域时，列车是没有电的，一般借助惯性滑过这段区间。由于这段区间非常短，所以乘客在乘坐列车途中基本感受不到。

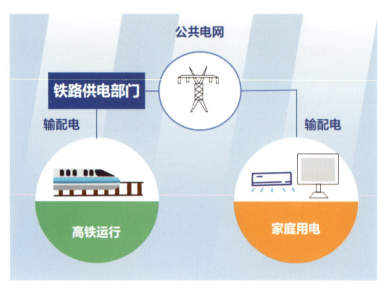

高铁供电示意图

▶ 72. 为什么普速列车座位面对面，而高铁列车座位却朝前？

普速列车的座位面对面设置可以节约车厢内部空间，提高空间利用率，搭载更多的乘客，从而提升运载能力。例如，普速列车中常见的 25G 型空调车与"和谐号"列车 CRH380A 相比，25G 型空调车定员 118 人，"和谐号"列车 CRH380A 定员一般 85 人。25G 型空调车一节硬座车厢比 CRH380A 二等座多 33 个座位。

但同时，由于普速列车折返时车体不能转向，因此列车会出现反向运行情况，如果列车座位都是"顺座"，就会出现整车旅客背向列车行驶方向坐着的情况。普速列车座椅没有转向设计，只有让座位面对面，才能保证有一半旅客始终朝向列车运行方向，而大部分高铁列车的座椅是可以旋转的，到达终点站后乘务员会把座椅转向，即朝向列车运行方向。

普速列车车厢设计源于欧洲客运邮政马车，即两排座位面对面，后来车厢变大，多个马车车厢串在一起形成一个个包间。再后来，车厢进一步扩大，但从包厢式车厢到全通式车厢，延续了相对而坐的传统。而现在的高铁列车横排式座位，更多地参考了飞机座位设计，即统一朝一个方向。

高铁列车朝前座位

▶ 73. 为什么有些东西不能带上高铁列车？

为保障旅客生命财产安全和铁路运输安全，加强和规范铁路旅客运输安全检查工作，根据《中华人民共和国民法典》《中华人民共和国铁路法》《铁路安全管理条例》等法律、行政法规的规定，国家铁路局及公安部于 2022 年 5 月 17 日公布了《铁路旅客禁止、限制携带和托运物品目录》（以下简称目录），自 2022 年 7 月 1 日起已正式施行。

（1）禁止托运和随身携带的物品：目录明确规定了枪支、子弹类（含主要零部件）、爆炸物品类、管制器具、易燃易爆物品、感染性物质等以及法律、行政法规、规章规定的其他禁止携带、运输的物品都是禁止携带上车的。

（2）禁止随身携带但可以托运的物品：锐器（如菜刀、水果刀、剪刀、美工刀、雕刻刀、裁纸刀等日用刀具）；钝器（棍棒、球棒、桌球杆、曲棍球杆等）、工具农具、其他（如消防灭火枪，飞镖、弹弓，不超过 50 毫升的防身喷剂等）、持有检疫证明、装于专门容器内的小型活动物，铁路运输企业应当向旅客说明运输过程中通风、温度条件。但持工作证明的导盲犬和作为食品且经封闭箱体包装的鱼、虾、蟹、贝、软体类水产动物可以随身携带。

（3）限制随身携带的物品：

①包装密封完好、标志清晰且酒精体积百分含量大于或者等于 24%、小于或者等于 70% 的酒类饮品累计不超过 3000 毫升。

②香水、花露水、喷雾、凝胶等含易燃成分的非自喷压力容器日用品，单体容器容积不超过 100 毫升，每种限带 1 件。

③指甲油、去光剂累计不超过 50 毫升。

④冷烫精、染发剂、摩丝、发胶、杀虫剂、空气清新剂等自喷压力容器，单体容器容积不超过 150 毫升，每种限带 1 件，累计不超过 600 毫升。

⑤安全火柴不超过 2 小盒，普通打火机不超过 2 个。

⑥标志清晰的充电宝、锂电池，单块额定能量不超过 100Wh，含有锂电池的电动轮椅除外。

⑦法律、行政法规、规章规定的其他限制携带、运输的物品。

▶ 74. 为什么相比普速列车高铁上来回走动的乘客明显少很多？

首先，普速列车通常乘坐时间更长，有时乘客甚至需要在车厢过夜，因此乘客需要在列车上进餐、饮水、洗漱及休息，车厢变成了暂时的生活场所，时间长了难免不舒服，需要在车厢走动，而且由于普速列车暂时没有实现全面禁烟，因此还是存在部分乘客在车厢连接处抽烟的情况，这样一来，车厢里也就人来人往了。

其次，普速列车的乘客总数量远大于高速列车。普速列车乘客数可达两千及以上，而高速列车一般载客量在六百左右，乘客的多少也决定了乘客走动的频率。

此外，乘坐高铁的舒适度相对普速列车也更高。普速列车硬座车厢的座椅舒适度较差，而且座位为面对面，空间相对狭窄，许多乘客坐久了都需要起来活动活动。而动车组列车不同，其座位并非面对面，而且座椅相对比较舒适。

高铁动车二等座

▶ 75. 为什么有的高铁列车乘客可以躺着？

随着高铁线路成网，高铁里程越来越长，乘客乘坐列车的时间也越来越长，如北京—昆明、上海—成都，运行时间都在 10 小时以上。虽然高铁列车舒适度较普速列车大大提高，但如果全程坐在座位上，旅客也会感到非常疲劳。部分旅客都表示，全程时间在 5 小时以上的高铁列车，其性价比并不如夕发朝至的普速列车。因此，出于对旅客乘车舒适度的考量，我国铁路开行了动卧列车，这意味着乘客可以在高铁列车上躺着休息了。

高铁动卧列车能够在夜间开行，其最大的特点是带有卧铺车厢，以往的高铁列车、动车组列车只有一等座、二等座、商务座等，而高铁动卧列车新增了卧铺，目的是方便旅客休息。目前，高铁动卧列车只针对北京—深圳、上海—广州等长途线路开行。

新型纵向动卧列车

高铁动卧列车具备以下特点。

(1)高铁动卧列车的卧铺比普通列车的卧铺宽 10cm，并且更加柔软。

(2)高铁动卧列车每个卧铺都配有一个液晶显示屏，乘客可以通过液晶显示屏观看影视、旅游、娱乐等方面的节目。

(3)高铁动卧列车卧铺床脚处设有"呼唤"按钮，如果乘客需要帮助，可以按下此按钮，随后工作人员会尽快赶到车厢帮助乘客。

(4)高铁动卧列车卧铺靠近车窗的地方配有阅读灯，以及衣架、一次性拖鞋、耳机。

(5)高铁动卧列车提供免费的晚餐。

新型纵向动卧列车内景

2017 年，我国新型卧铺动车组列车正式上线投入运营。和以往卧铺列车的横向设置不同，新型动卧列车的卧铺方向为纵向，也就是说，卧铺方向与列车运行方向平行。新型动卧列车定员 880 人，相比 CRH2E 型横向卧铺列车运力增加了 37%。新型动卧列车的卧铺分上铺、下铺两层，每层卧铺都像一个小"包间"；左、右各一排双层卧铺，过道则在两排卧铺的中间。每个卧铺都设有充电插座和阅读灯，如果想睡觉了或不想被人打扰，还可以把白色的"私人"帘子拉下来。

第8章 高铁经济的为什么

▶ 76. 为什么要理性看待高铁负债？

近年来，中国铁路总公司债务高企已成为不争的事实，2020 年其负债总额 5.71 万亿元，资产负债率 65.63%，较 2019 年的负债率(65.98%)有所下降。同时，由于疫情影响，2020 年中国铁路总公司实现收入 1.07 万亿元，同比降低 0.06%；净利润 19.65 亿元，同比减少 5.55 亿元。

现代企业负债经营是很正常且很普遍的现象。某些媒体对中国铁路总公司债务高企的报道，显然漏掉了一个重要指标：负债率。企业的最佳负债率，欧美国家认为是 60%，东南亚国家认为是 80%，国内业界一般定为 70%。而中国铁路总公司 2020 年的资产负债率小于 70%，因此企业经营状况正常。中国铁路总公司资产负债率持续较高的一个重要原因是公司为落实中央"稳就业、稳金融、稳外贸、稳外资、稳投资、稳预期"部署要求，加快了铁路建设，保持了较大规模固定资产投入。正因如此，京张高铁等一大批新线路才得以建成投产。

当前，我国正处于铁路建设尤其是高铁建设的高潮。虽然铁路网已经形成，但是它还有一些空白点或者需要联网的地方，所以在未来 5～10 年，铁路投资还将处于相对高的阶段。在这个过程中，资产负债率偏高一点是可以被接受的。未来新建铁路投产运营后，负债率会降下来。同时中国铁路总公司表示，未来公司将通过发行债券、票据和银行借款等多种方式筹措资金，并进行科学有效配置，以不断降低筹资成本，使债务结构合理化，负债率总体处于可控水平。铁路负债主要是建设投资负债，与维持简单再生产的经营性负债有着本质上的不同，其对应的是优质资产。铁路客货运输和多元化经营持续向好，经营现金流稳定，中国铁路总公司具有良好的偿债能力[1]。

---

① 资料来源：中国人民大学经济学院教授刘瑞的访谈记录。

▶ 77. 为什么中国要大力发展高铁？

经过十几年的发展建设，到 2021 年底，全国铁路营业里程达到 15 万公里，其中高铁达到 4 万公里。中国高铁营业里程占世界高铁营业里程的 2/3 以上，我国大力发展高铁，其意义是不言而喻的。

1）改善交通条件

我国人口数量多、密度高，人口流动量大，在以往私家车不太普及、路网不发达、长途出行不方便等情况下，大量中长途公共交通就成了出行首选，国家通过公共交通基础设施等的建设，方便了旅客出行，而铁路因具有便捷性和运量大等优点成为主力之一。在"时间就是金钱"的今天，高铁大大减少了人们的出行时间，同时凭借具有安全、换乘方便、乘坐舒适等特点提升了出行品质，受到广大群众的青睐。高铁加强了城市间的联系，加快了区域经济融合，高铁建设是利国利民的好事，我们都将享受高铁带来的极大便利。

2）促进经济发展

我国幅员辽阔，但经济、资源分布不均，高铁对沿线经济起到了助推和平衡的作用，它加快了城市化进程，带动了经济欠发达地区的投资开发，促进了交通经济带的形成和高铁新城的崛起。

3）带动制造业转型升级

高铁的投资建设带动了多方产业（尤其是制造业）的发展，有利于产业的升级和结构调整，以及产品的更新换代。高铁是一个国家制造业和科技水平的全方位展现，对于提升民族荣誉感和民族自信心具有积极意义。

4）军事作用

高铁的发展同样具有战略意义，利用高铁运输部队可以解决空运能力不足的问题。高铁网可进行全境机动，对我军部队调动、快速反应、快速机动、物资运输、战略补给具有十分积极的作用。

▶ 78. 为什么高铁广告影响力这么大？

我们在乘坐高铁列车时，在列车进站、候车、乘车的过程中都不难注意到形形色色的广告，越来越多的企业将高铁车站和高铁列车作为其投放广告的平台，我们也会对高铁广告印象深刻，这是为什么呢？

高铁列车座位上的广告

（1）受众优势：覆盖面广，具有高价值受众群。高铁媒体的受众具有庞大和精准两个特点，深受各年龄段出行人群的喜爱。这些人群是社会主流消费人群，也是信息的重要接收者和传递者。其中，高铁出行成为商界与政界中高层管理人员等群体的首选出行方式，这些乘客处于相对较高的社会水平，具有较高的财富控制和决策能力。作为高铁广告的受众，他们有很大的消费潜力，重视品牌意识。投放高铁广告可以实现大规模准确投放，很大程度上能够影响这一主流消费群体的消费选择，这就有利于品牌方的不断发展，悄然重构传统户外广告市场关系、兴趣机会甚至媒体广告空间。

（2）空间优势：空间封闭，传媒触点多，干扰少。高铁站作为封闭空间，内部有许多高质量的媒体接触点。每天都有数万至数十万高端人士进出封闭空间。在相对舒适的旅游环境中，车站广告的干扰程度大大降低，同时受众对广告的接受程度也大大提高。高铁广告的拥挤效应给广告商带来了巨大的诱惑。高铁广告因其在全国的高覆盖率和在该地区的高渗透率，已成为许多客户追求的理想媒体。

（3）价值优势：资源丰富，具有很强的辐射性和带动性。高铁已经成为推动我国经济发展、促进文化交流的重要纽带。高铁拥有非常丰富的媒体资源，媒体的高覆盖率降低了广告商的媒体采购成本。同时，高铁覆盖全国核心城市群，串联沿线城市，区域强渗透的特质突显，广告主可根据不同地区的区域特征制定网络化和点位化策略，从而实现规模化和精准化的传播落地效果。其中京广主干线的特征是沿线城市 GDP 占比高，经济活力强；华东区域作为中国的经济强区，进出口贸易多，人群特征是消费能力强；西南区域的特征是旅游资源丰富，高铁出游便利，处于消费升级阶段。广告主可以根据他们的品牌属性选择是在全国范围内投放、只向某个省或城市辐射、还是专注于某条路线，最终实现品牌的跨区域传播。高铁以四通八达的特性成了打造品牌推广的移动窗口。

（4）传播优势：时间充足，具有包裹式、强制式、沉浸式传播效果。高铁场景主要包括候车厅与车厢，这二者都可以算是广义上的封闭空间，且此二者之间无缝衔接，这种独有的空间优势，有利于构建全场景营销生态圈。高铁站房广告与列车广告都处于半封闭式环境中，这种半封闭式的传播环境和包裹式的传播方式，能打造更高效的沉浸式体验过程，无论乘客是在候车期间还是在乘车的长时间里，都可以达到无形中强制性观看广告的效果，并且在潜移默化中加深乘客对于广告的印象，实现广告信息的充分传递[18]。

▶ 79. 为什么中国需要高铁列车与绿皮火车共存？

随着生活水平的提高，我们在出行时可以选择的交通工具种类越来越多，而不同的人对出行有着不同的需求。影响我们选择交通工具的因素有时间、价格、便捷性、舒适性及安全性等。中国高铁列车和绿皮火车就代表了两种不同的出行需求，即使时代在进步、技术在发展，绿皮火车也总会有其能够存在而不被淘汰的优势，原因如下：

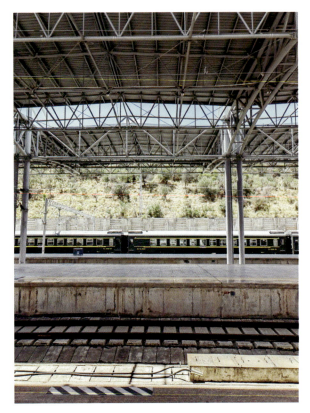

绿皮火车

1）价格更便宜

如今，人们已经习惯了快节奏的生活方式，高铁缩短了旅客的旅行时间和城市之间的距离，让出发地和目的地从遥不可及变为"触手可及"，但高科技意味着制造、运营、维修等的成本提高，提高服务质量则意味着工作人员的培训、管理、薪资成本提高。高铁列车的票价也因此远高于绿皮火车的票价。但不可否认的是，我国依然是世界上最大的发展中国家，繁华都市与落后乡村并存，东部经济发达地区和西部经济欠发达地区同在。和高铁列车相比，传统绿皮火车票价低廉、配备卧铺，因此依然受到广大老百姓的青睐。

2）绿皮火车服务质量提高

以前的绿皮火车服务质量存在很大的问题，如乘车秩序差、抢座占座现象严重、车厢内卫生情况堪忧等，但随着铁路部门的改革，绿皮火车在服务质量方面改善了很多。在设施方面，绿皮火车增加了软垫、空调、充电桩等，并且每节车厢都配备了干净的厕所及洗手池。在餐饮方面，车内设有专门的餐车，种类齐全，旅客可选择范围增大。在卫生和服务方面，车上的乘务员会定时去每节车厢回收垃圾，且会及时回应旅客的服务需要，绿皮火车的乘车环境得到了极大改善。

3)旅游专列需要

近年来，随着全国铁路线路的不断增加，以及列车舒适程度不断提升和客运服务不断完善，选择铁路出游成为越来越多人的首选。相较于辛劳的自驾游和乘坐飞机只能看到窗外的天空，乘坐旅游专列出行可以观看沿途的风景，感受恬静自在的心情。而绿皮火车正好符合旅游专列的需求，它的特点是可以在景点停留很长的时间以方便游客游玩，且车内设有宽敞明亮、设备齐全的客房，体现了中国铁路"以服务为宗旨，待旅客如亲人"的服务理念。

▶ 80. 为什么说要发挥高铁经济的支撑引领作用 ？

高速铁路的建设，是我国优化运输结构，顺应时代形势的必然选择，对完善我国综合交通运输体系，促进交通运输提质增效升级，引领和支撑国土开发和城镇建设具有重要意义。

国内外高速铁路运营的实际情况表明，高速铁路建成运营后，会对沿线地区的产业发展和城镇化进程带来深刻影响。尽管我国高速铁路的运营时间还比较短，但高铁效应已明显显现，对沿线产业带和城市现代服务业的培育，以及沿线地区人口流动速度提升和人口聚集，均具有重要促进作用。在我国高速铁路规模快速扩张的新时期，高铁的空间效应将进一步显现，我们需要抓住这一契机，努力将高铁效应发挥至极致。

高速铁路能够显著提高沿线地区的空间可达性，改善区域投资环境，为沿线地区经济发展和生产要素集聚创造条件，进而在国土空间上形成通道经济布局形态。我国高速铁路网规划，体现了通道经济和枢纽经济发展的基本思想，有利于区域的扩大开放与国土资源的合理开发，因此要着力打造通道和枢纽经济，实现高铁与区域经济、国土开发融合发展。[19]

"复兴号"动车组列车

▶ 81. 为什么中国首条社会资本控股高铁会选择 PPP 模式？

PPP（public-private-partnership）模式是指政府与私人组织，为了提供某种公共物品和服务，以特许权协议为基础，彼此之间形成一种伙伴式合作关系，并通过签署合同来明确双方的权利和义务，以确保合作顺利完成，最终使合作双方达到比预期单独行动更为有利的结果。

据高铁网报道，2017 年 9 月 11 日，由复星集团牵头的民营资本联合体与浙江省政府正式签署"杭绍台铁路 PPP 项目"投资合同，这也是中国首个民营资本控股高铁项目。杭绍台高铁位于浙江省中东部，是国内沿海快速客运通道的组成部分，也是长三角城镇化地区综合交通网和城际快速交通网的重要组成部分，它是一条集路网、城际、旅游及沿线经济开发功能于一体的客运专线铁路。

那么，为什么中国首条社会资本控股高铁会选择 PPP 模式呢？

首先，通过 PPP 项目引入民间投资，既能让铁路的组织方式、开发模式更多元化，也能探索用商业化的手段来做公共事业，借用民营企业的整合能力让资源配置更科学、更高效。

其次，多年的实践证明，PPP 模式不仅能解决地方政府的融资问题，以及提升社会基础设施建设速度和投资运营效率的问题，而且能让政府和社会资本建立利益共享、风险分担及长期合作的关系，让政府和社会资本得以"共舞"，从而达到增强公共产品和服务供给能力、提高供给效率的效果，最终实现"双赢"或"多赢"。

PPP 模式

▶ 82. 为什么率先上市的高铁是京沪高铁？

据人民日报报道，2020 年 1 月 16 日，号称"中国高铁第一股"的京沪高铁（601816.SH）在上海证券交易所上市。作为"中国最赚钱的高铁"，京沪高铁上市首日表现颇为亮眼：发行价 4.88 元，开盘价 5.86 元，随后迎来顶格涨停，涨幅 43.24%，股价达 6.99 元，一度被临时停牌，成交额 4889.65 万元，市值一秒钟增加了 1036 亿元。

京沪高铁上市

京沪高铁登陆沪市，被誉为铁路股份制改革的里程碑事件。京沪高铁上市是为了改善铁路资金状况，加快铁路建设。上市可以规范铁路自身管理，加快建立现代企业制度，同时也是推动铁路混改的关键一步，能提高铁路资产证券化水平，向社会资本释放善意，引导社会投资，对促进铁路系统进一步改革，加快铁路网建设、提升群众获得感具有重要意义。

▶ 83. 为什么中国高铁成本比国外低？

中国高铁虽起步较晚，但是经过十几年的发展，现在无论是高铁里程还是列车先进性都处于世界领先水平。高铁的修建需要花费大量的人力、物力和财力，世界银行在 2019 年发布的《中国的高速铁路发展》报告中指出，中国高速铁路网的建设成本为平均每公里 1700 万~2100 万美元，约为其他国家建设成本的三分之二。

中国高铁建造成本更低主要有以下两个原因。

1. 劳工成本低

德国、法国、日本等发达国家拥有丰富的高铁建造设备和人才资源，但由于人口数量不及中国，劳工数量也较少，因此不得不提高劳动报酬以吸引劳工。而中国人口众多，劳动力资源丰富且劳工成本较低，因此在同等成本的条件下其他国家的高铁建设速度不及中国。

2. 规模庞大

中国高铁的规模非常庞大，虽然最早建设高铁的国家是日本，但日本高铁总里程远不及中国。中国高铁庞大的建设规模能够压低成本，很多产品、设备和材料都可以通过大批量采购的方式来降低成本，而国外由于国土面积的限制以及需求的不同，在建设高铁时其设备等的成本就要比中国高。

▶ 84. 为什么有些高铁列车上没有乘客而都是货物？

随着时代的发展，电子商务走向了千家万户，国内电商消费活跃度逐步攀升，面对网购热潮的袭来，迅速崛起的快递物流行业很有必要推出一种时效性高、安全性强的新型运输手段以作为传统快递行业的补充。因此，铁路部门顺势而为，推出了高铁快运(CRH express)服务，弥补了目前市场上所缺少的快递服务形式。依托高铁快运、铁路干线的运输优势，铁路部门加强了与电商、快递企业的新型合作，推出了高铁快运"当日达""次晨达"及电商班列"一日达"等安全、快捷的运输新形式，不断提升高铁快运品牌的市场竞争力和影响力。

高铁快运由中铁快运(全称中铁快运股份有限公司)组织，依托高铁列车等优势运输资源，主要利用日常开行的高铁列车，为客户提供小件物品全程运送服务。高铁快运具有时效性高、服务品质优良、全天候服务等特点和优势。

高铁运送快件不受交通堵塞、航空管制等因素影响，除极端天气外，高铁快递准点率极高。而中铁快运是中国国家铁路集团有限公司直属的全国 5A 级物流企业，中国铁路总公司授权中铁快运独家经营高铁快递。

高铁快运标志

2020 年"双十一"期间，除了铁路部门日常在京广、京沪、沪深、浙广铁路线路上加开特快货物列车外，具有自主知识产权的铁路冷链快运箱也是电商黄金周运输的一大亮点。通过"冷鲜达""定温达""定时达"等服务，无论是云南的鲜花，还是新疆的骆驼奶，甚至是须低温保存的医用冷藏药品都能被及时送货上门，高铁快运不仅为山区的特色生鲜农产品开辟了快速运输通道，同时还满足了医药试剂市场对运输高时效的需求。一系列定制服务的升级，不仅刺激了消费者的消费欲望，促进了经济循环，而且还帮助了偏远地区农牧民创收，实现了扶贫助农的美好"双赢"愿景。

中国高铁不断向前发展，为老百姓的生活提供了便利，在改革浪潮中探索和蓬勃发展，把人民的美好愿景变为了现实。中国成了交通强国，绽放着"铁路先行"的绚烂之花。

第9章　高铁列车的为什么

▶ 85. 为什么高速列车开动时跟普速列车不一样？

在中国，普速旅客列车或者货运列车大多是动力集中式列车，即将列车的动力全部集中在一节动力车厢上，主要由一节动力车厢牵引多节无动力车厢在轨道上行驶。对于这种动力集中式列车，启动时，机车的牵引力必须要大于静摩擦力。但是，一节车厢产生的牵引力一般来说是小于多节车厢静摩擦力总和的，一节车厢不可能将其余所有车厢同时拉动。因此，动力集中式列车在启动的时候要后退一小段距离，以让各节车厢在连接处产生小的空隙，然后再向前开，使车厢被逐节启动，这样静摩擦力就被分成若干段，从而使牵引力大于单节车厢的静摩擦力，列车更容易启动。当车厢逐节启动时，由于前一节车厢已经启动，而后一节车厢还处于静止状态，前一节车厢会突然牵引后一节车厢向前运动，这时车厢内部的乘客会感觉到车厢突然向前运动。

动力集中式列车

相对于动力集中式列车,动车和高铁列车则是动力分散式列车。动力分散式列车是一种将动力分布在多节车厢的铁路列车,它的特点是动力源分散在列车各节车厢的发动机或电动机上,而不是集中在车头或者车尾的机车上。由于动车和高铁列车每一节车厢都有自己的动力源,因此在启动的时候动车和高铁列车就不必通过后退来分散车厢的静摩擦力,在计算机精确控制下,整个列车的各节车厢可以同时启动,因此高铁动车比普通列车在启动时要平稳得多。

动力集中式列车和动力分散式列车各有各的优点。对于动力集中式列车来说,其最大的优点就是维修容易,维修一部动力机车比维修多部动力机车容易很多。动力集中式列车的另一个优点是编组自由,在动力允许的范围内,它可以任意增加或减少车厢的数量。但是,动力集中式列车只有一部动力机车,这也导致它的加速力不大,实现平稳运行需要较长的时间。而且动力集中式列车折返耗时,铁路调度中心需要花费较长的时间对动力集中式列车进行调度。

相比动力集中式列车,动力分散式列车通常拥有更快的启动加速度和减速度,这有利于提高行车密度。因此,动力分散式列车更适合高密度停车且站距短的线路,同时它还能有更快的运行速度,地铁的运营列车也大多采用的是动力分散式列车。

▶ 86. 为什么从车外看到的高铁列车速度更快?

从车窗看到的高铁列车速度没有在车外看到的快,这是由人的视觉误差导致的。人判断运动知觉的变量不是线速度,而是角速度。距离越远,角速度越小,距离越近,角速度越大。由此可见,在不同的位置观看相同运动速度的物体,会有截然不同的感受。高铁路面通常要比地面高得多,车窗外不存在妨碍视线的障碍物,乘客看到的大多是远处的景物,所以感觉列车的运行速度并不快。

另外,高铁列车的窗户是用"车用安全玻璃"制作的,这种玻璃实际上是一种两层钢化玻璃夹一层胶片制成的"三明治玻璃"。它的表面平整均匀,不会产生光畸变,透光性好,当光线穿过玻璃后,光线变得柔和,使人感觉不到玻璃的存在,所以这种玻璃能真实反映外界情景。而普通玻璃则因厚度不均、表面不平等因素,容易产生光畸变,以至于透过普通玻璃观看物体运动时,容易产生视觉疲劳，让人产生一种比实际速度更快的错觉。

高铁列车车窗

▶ 87. 为什么高铁司机上班时要拖着行李箱？

高铁司机的行李箱中通常携带有"三证"、旅客列车携带时刻表、司机手册、行车指导仪、GSM-R 手持终端、信号灯、信号旗、黄马甲、机车检点锤以及个人所需的其他物品。

高铁司机专有的"三证"分别为工作证、岗位培训合格证、机车车辆驾驶证，它们都是高铁司机必须随身携带的，出乘前高铁司机需要向出勤调度员出示"三证"，出勤调度员核实"三证"齐全后高铁司机才能上岗。

旅客列车携带时刻表是高铁司机所在车间为他们量身定制的列车时刻表，以方便火车司机查看途中通过站、办客站时间点，精准控制列车运行速度，确保旅客列车正点运行。

司机手册是高铁司机的工作写实本，用于班前记录安全预想及安全措施，以及运行中记录列车运行时刻、经过哪些车站、有没有临行限速、有没有突发情况等。

行车指导仪不仅能为高铁司机提供详细的班前预想，还能在列车运行过程中通过语音实时播报关键地段以及列车正晚点等信息，而且高铁司机的日常考试也是在这上面完成的。

GSM-R 手持终端是高铁司机在与列车调度员、车站值班员联系时使用的通信工具，可保障内部点对点通话，以及指挥命令迅速传达。

普速列车的副司机需要使用信号灯和信号旗向主司机传递信息，白天使用信号旗，晚上使用信号灯。

高铁司机有时需要穿越线路，带有反光条的鲜艳黄马甲会增加安全系数。

机车检点锤是高铁司机检查机车部件时常用的工具，通过有技巧的敲击，可以及时发现螺母、零部件是否存在问题。

随着科技的进步，传统工具更多的是给工作增加一些仪式感。高铁司机的行李箱里还有很多"个性化"物件：工作餐、提神醒脑的冲调饮品、出行时常备的药品等。

▶ 88. 为什么动车不直接增加车厢，而偏要"嘴对嘴"跑呢？

这种"嘴对嘴"的设计称为动车组列车重联，是一种常见的列车运行方式，即将日常运行的两列单组动车联挂在一起开行，由此运力可以增加一倍。重联的"联"意味着统一列控，形成电气、网络、制动系统的联动联调，而不是简单的连接。由于动车组列车在很多方面都是出于对整体设计的考量，因此不能像传统列车那样加挂或解编车厢。动车组列车重联前，两组列车停放于指定位置，机械师打开列车前端头罩，拿出自动车钩，检查并确认无异常后，由司机以较慢的速度进行联挂操作。两列动车组列车联挂后能正常进行网络通信，重联才算成功，随后还要进行试拉试验。车头参与重联保证了两列列车解编后的独立运行能力，动车组列车重联拥有可灵活解编的优点。

铁路部门利用动车组列车重联可以最大限度地满足广大旅客的出行需求。当然，重联动车组列车的输送能力毕竟有限，随着京沪高铁等线路客流量的持续增长，扩大动车组列车编组才是快速提升铁路输送能力的有效措施。

动车组列车重联

▶ 89. 为什么高铁列车的窗户不能打开？

　　高铁列车的窗户不能打开并非设计漏洞，而是和空气压力波有关。物体移动速度的快慢和空气压力波的大小成正比，因此物体移动的速度越快，它所产生的空气压力波就越大。高铁列车在行驶时会产生巨大的空气压力波，若空气压力波进入车内，桌上的物品则会被吹得一片狼藉。同时，从车外飞进来的尘土会污染车内的空气，车外的噪声也会随之进入车内。更严重的是，乘客将难以忍受空气压强差，这种空气压强差轻则会让乘客的耳膜产生压迫感，重则会令乘客感到头晕恶心，甚至会造成乘客耳膜破裂。实际上，高铁列车不仅要关紧车窗，它的车门、车厢连接处等也都要尽可能做到密闭，这样才能保证旅客有一个舒适的乘车环境。

　　在空气动力学中，高铁列车对密闭性能的特殊技术要求被称为气密性，有没有气密性也是区别高铁列车和普通列车的主要标准。除了紧闭的车窗，高铁列车还有很多涉及气密性的特殊措施。例如，车窗整体被固定在车体上，并采用橡胶密封条在接缝处加以密封；车门采用电动塞拉门技术，这样车门关闭后就会和车体严丝合缝、平滑一致；各种供水管道和外界连接的地方也加装了密闭装置，这些措施都是为了确保高铁列车能拥有一个安静、舒适的乘车环境。

动车组列车车门

▶ 90. 为什么高铁列车没有设置安全带？

高铁列车受制于两条轨道，也受益于这两条轨道。一方面，中国的高速铁路在加速度方面有严格的控制，可保证列车纵向运动的平稳性；另一方面，高铁列车又被两条钢轨牢牢地控制着，特别是我国高铁使用的无砟轨道，其保证了列车不会有大的横向和纵向振动。所以，正常情况下，乘客可以在列车上自如地行走，而不用一直把自己固定在座位上。

另外，在发生重大事故时，乘客被束缚在座椅上其受伤的概率更大，这主要是因为被安全带束缚在座椅上的乘客，更容易因无法进行有效的躲避而受到车厢坍塌等因素带来的伤害。虽然高铁列车的座椅没有设置安全带，但是高铁列车使用的座椅是防撞安全座椅，其在设计上能够保证当后排旅客的头部或膝部向前撞向椅背时，座椅能够及时溃缩变形，以防止将旅客卡住。相比配置安全带，这样的座椅设计更能有效保障高铁列车发生事故时乘客的安全。

无砟轨道

（图片来源:http://unsplash.dogedoge.com）

▶ 91. 为什么高铁动车被命名为"和谐号"和"复兴号"？

和谐号电力动车组（China Railway High-speed Train），是自 2004 年中国引进德国、日本等国的高速动车组技术后，在消化吸收再创新的基础上，生产的高速动车组系列的总称。和谐号电力动车组作为中国铁路全面实施自主创新战略取得的重大成果，标志着中国铁路客运装备的技术水平达到了世界先进水平，而列车被命名为"和谐号"，是铁路人的一种美好寄托，他们希望动车组列车在投入使用以后，能成为给中国老百姓、广大旅客提供和谐社会、和谐铁路的运输工具。

新一代标准动车组"复兴号"是中国自主研发、具有完全知识产权的新一代高速列车，它集成了大量现代国产高新技术，牵引、制动、网络、转向架、轮轴等关键技术实现重要突破，是中国科技创新的又一重大成果。列车被命名为"复兴号"的原因在于，在全面建成小康社会、实现中华民族伟大复兴的重要历史节点，将中国标准动车组列车命名为"复兴号"，能够真实记载中国高铁技术装备走入世界先进行列的发展历程，深情寄托中国铁路人对中华民族伟大复兴的追求和期盼[20]。

左："和谐号"列车；右："复兴号"列车

▶ 92. 为什么说高铁和动车不是一回事？

目前在我国高速及城际铁路客运体系中，动车组列车（D 字头列车）与高速列车（G 字头列车）的主要区别是动车组列车主要开行在既有提速线路或城际铁路上，且在高速铁路干线上运行的动车组列车比高速列车的最高运行速度慢或停站更多。

另外，高铁和动车的定义完全不同。高铁指的是高速铁路，是从速度的角度描述的铁路系统类型；而动车指的是车厢有动力列车，除车头外其每节车厢都可以有动力。

在国际标准中，高铁指的是铁路，动车是一种列车形式，而在中国的定义中，高铁既包括列车，也包括对应的铁路系统。从铁路系统角度说，中国国家铁路局2014 年 12 月发布的《高速铁路设计规范》（TB10621—2014）将高速铁路定义为新建设计时速 250（含）～350（含）km，运行动车组列车标准轨距的客运专线铁路。而从列车角度来说，高铁一般指的是车次以 G 开头（"高"字拼音首字母）的高铁动车组列车，动车一般指的是车次以 D 开头（"动"字拼音首字母）的（普通）动车组旅客列车。

▶ 93. 为什么高铁列车要"按图行车"？

"按图行车"中的"图"指的是铁路列车运行图(以下简称列车运行图)，是用于表示列车在铁路区间运行及在车站到发或通过时刻的技术文件，是全路组织列车运行的基础。它规定了各车次列车占用区间的程序，列车在每个车站的到达和出发(或通过)时刻，列车在区间中的运行时间，列车在车站的停留时间，以及机车交路、列车重量和长度等。列车运行图是关于列车运行时间与空间关系的图解，是用于表示列车在各区间中运行及在各车站停留或通过状态的二维线条图。

"按图行车"是铁路行车组织的基本原则。其本质是尊重并执行列车运行图关于运输能力(含通过能力、解编能力、装卸能力、机车车辆能力)、运行特点的客观要求。具体包括：在运输指挥上，不滥用能力、不透支能力，做到能力与运输合理匹配；在运输组织上，充分利用能力，使各系统紧密配合，严格执行计划并兑现计划目标；在运输管理上，时刻校验运行图质量，发现并解决实际运输情况与运行图不匹配的问题。

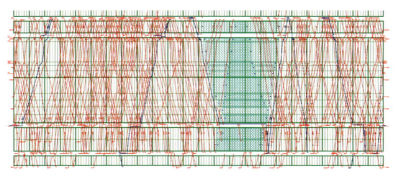

列车运行图

同时，"按图行车"也是确保铁路运输安全、高效、有序的根本手段。列车运行图规范了各个系统和部门岗位的职责、任务、标准、时限，按照列车运行图各司其职、按规则行事，就会使相关系统和部门对自身的工作、对别人的工作都有清晰的预期，消除相互之间的误判，让运输安全得到根本性保证。列车运行图是充分运用能力、充分体现车流特点的最优化设计，执行运行图也就意味着最优化地运用综合能力，以使列车高效运行、车流高效输送，实现效益最大化。

▶ 94. 为什么同一趟高铁列车在行驶过程中会改变车次号呢？

乘客在乘坐高铁列车时经常会遇到同一趟列车在运行途中变更车次号的情况，并且变化前后车次号基本只相差一位数字。例如在上海虹桥站购买的车票车次号为"G1970"，但乘客从郑州东下车时，车站显示屏的车次号却已经变更为"G1971"。

其实，改变车次号这个问题涉及铁路列车上、下行问题。上行双数、下行单数，那么什么是上行、下行呢？

这里涉及的上、下行是以原铁道部所在地(北京)为中心或者以干线为支点，靠近北京方向为上行、靠近干线方向为上行，车次使用双数。远离北京方向为下行，远离干线方向为下行，车次使用单数。

如果列车行驶方向全程为单一进京或离京方向，那么它的车次是唯一的，如上海—北京南的 G6 次、昆明—攀枝花的 D790 次。

以进京、离京为例，列车如果先开行在进京方向的上行线路上，然后又开行在离京方向的下行线路上(即上海虹桥—京沪高铁—徐州东—郑徐高铁—郑州东)，那么车次是要跟着变化的，而这样的情况有很多。

另外，也不是每一趟列车在行驶途中都会更改车次，例如，北京南—上海虹桥所有往返车次，东北方向往返济南、徐州、南京、杭州、宁波、温州的车次，始发和到达车站都在徐兰高铁或者兰新高铁上的车次，以及京广—广深港高铁的车次，全程都不会改变。而且，车次在很多时候只变化一次，在极端情况下会变化两次，而改变车次的那个车站是固定的，如很多行驶于京沪高铁转徐兰高铁的列车都是在徐州东才改变车次的。

▶ 95. 为什么近年来高速铁路频繁"调图"？

"调图"即进行列车运行图的调整，主要包括车次的增减、到发时刻的变化、停靠站的增减、列车等级的提升、运行区间的变化等，很多车次也随着这些变化而变化。

近年来细心的旅客会发现，铁路"调图"越来越频繁，除了重大节日期间的列车调整外，铁路部门每隔一段时间就会进行一次"调图"，"调图"已经常态化。可能很多旅客并不是特别理解，如此频繁的"调图"究竟是为了什么？

(1)铁路"调图"是国家经济发展的需要。众所周知，列车的出发时间、车次等并不是一成不变的，列车运行图会在某一时间段进行调整。这是一个根据实践进行动态调整的过程，更是一个不断优化、不断升级的过程。随着铁路网的不断延伸、拓展，既有的列车运行布局已不能很好地适应新的路网变化，因此需要通过合理调整原有的列车运行图，使列车运行更加合理。列车运行图的每一次调整，都会将新开通的铁路线路纳入全国铁路大家庭，让更多人共享铁路快速发展的成果。铁路"扩容"、线路升级，是"调图"的主要原因[21]。

(2)铁路"调图"是民众对美好生活的需要。随着人们幸福指数的升高，人们对生活质量的要求也越来越高。铁路发展，不仅仅是运营里程的增加和硬件设施的完善，铁路服务同样也在与时俱进。随着 5G 时代的来临，铁路部门利用"互联网+"的方式使铁路更加贴近人们的生活，让服务更精准、更人性化。铁路"调图"后，乘客出行更集中，需求分配更合理。通过"调图"，铁路部门不仅避免了相关资源的浪费，还为乘客提供了更好的出行体验，同时也促进了经济的快速增长。

(3)铁路"调图"是服务国家发展战略的需要。铁路部门需要扩大西部陆海新通道班列、中亚班列开行规模，精准服务"一带一路"和西部沿海新通道建设，优化开行质量，促进国内、国际经济"双循环"，保障班列运行更加顺畅。铁路"调图"将有助于进一步扩大班列的开行规模，其对促进国内和"一带一路"沿线国家的经济发展都有积极作用。

第10章 磁悬浮铁路的为什么

▶ 96. 为什么磁悬浮列车不在铁轨上行驶？

磁悬浮列车是指利用电磁铁磁极同极相斥的原理，使列车和铁轨之间产生巨大的排斥力，让列车悬浮在铁轨上行驶。列车在行驶时，只与空气摩擦，不会与铁轨产生摩擦，由此运行阻力大大减小。磁悬浮列车的推动力来源于直线电机。这种列车高速行驶时，就像一架超低空飞行的飞机，时速可达 500～1000km。

由于电磁铁有同极相斥和异极相吸两种形式，故磁悬浮列车也有相应的两种形式：一种是利用电磁铁同极相斥原理设计而成的具有电磁运行系统的磁悬浮列车，它利用车上超导体电磁铁形成的磁场与轨道上线圈形成的磁场之间的排斥力，使车体悬浮运行在铁路上；另一种则是利用电磁铁异极相吸原理设计而成的具有电动力运行系统的磁悬浮列车，它在车体底部及两侧倒转向上的顶部安装电磁铁，在"T"字形导轨的上方和伸臂部分下方分别设置反作用板和感应钢板，以控制电磁铁的电流，使电磁铁和导轨间保持 10～15mm 的间隙，并使导轨钢板的排斥力与车辆的重力平衡，从而使车体悬浮于轨道的导轨面上运行[22]。

▶ 97. 中国高铁为什么没有选择磁悬浮技术？

磁悬浮高铁线路曾经是中国高铁的一个选项，而且是重要选项。1997 年关于京沪高铁融资方式、成本回收方式等的论证初步完成，这时，关于到底采用轮轨技术还是采用磁悬浮技术的争论浮出水面，这场争论历时 18 年，直到 2008 年京沪高铁正式开工。

作为更先进、运行速度更快的磁悬浮技术，最后为什么会落败？主要原因有两点。

(1)磁悬浮技术的相对优势不够明显。磁悬浮技术相比轮轨技术,其最大的优势是速度快。但是当轮轨试验速度已经突破 574.8km/h、运营速度能够突破 350km/h 时,磁悬浮技术的速度优势已经不那么明显了。高速运动的物体受到的空气阻力是速度的 2 次方,能耗是速度的 3 次方,当速度达到 300km/h 以上时,运动物体所受的阻力 90%是空气阻力,磁悬浮列车虽然没有受到机械阻力,但因为需要磁力使车体悬浮起来,因此还要消耗大量能量。所以,当轮轨技术轻松突破时速 300km 时,磁悬浮技术的相对优势就不那么明显了。

(2)磁悬浮技术有比较明显的劣势目前很难克服。例如,经济因素,磁悬浮线路的修建成本要高于轮轨线路。更重要的是技术原因。高铁要发挥最大的效用,第一要素是必须成网,相比一条又一条孤零零的线路,联成网的高铁其效能会呈几何倍数增长。但是,磁悬浮技术就是为"点对点"的运输而生的,因为变轨的技术难度非常大(对于常导磁悬浮技术,列车是抱轨的,所以很难变轨;而对于超导磁悬浮技术,列车是在"U"字形槽内运行的,更难变轨)[23]。所以磁悬浮线路很难联成网。

▶ 98. 为什么说运用磁悬浮技术是未来高铁的发展方向?

传统列车的速度越快,其受到的阻力就会变得越大,车轮和轨道的黏着力就会降低,所以当速度提高以后,传统列车的车轮和轨道就无法产生足够的摩擦力,进而速度就会受到影响,如果再遇上轨道上有冰霜,速度更会受到影响。

要突破现在高铁速度发展瓶颈,首先要解决两个问题:一是要解决传统列车轮轨黏着极限和公网运行极限速度、波动速度的制约问题;二是要解决列车运行速度越快所带来的空气阻力越大的问题。所以,运用磁悬浮技术是未来高铁发展的方向。运用此项技术后,当磁悬浮列车在真空管道中高速行驶时,能够极大地削弱空气阻力对列车的影响。

根据央视网报道,2021 年 7 月 20 日,由中国中车承担研制、具有完全自主知识产权的时速 600 公里高速磁悬浮交通系统在青岛成功下线,这是世界首套设计时速达 600 公里的高速磁悬浮交通系统,标志着中国掌握了高速磁悬浮成套技术和工程化能力。

据介绍，此次下线的高速磁浮采用成熟可靠的常导技术，其基本原理，是利用电磁吸力使列车悬浮于轨道，实现无接触运行。具有高效快捷、安全可靠、运能强大、编组灵活、准点舒适、维护便利、绿色环保等技术优势。

未来，超高速列车的速度应该会逐步达到声速甚至超声速。

▶ 99. 为什么"超级高铁"能跑那么快？

"超级高铁（pneumatic tubes）"是一种以"真空钢管运输"为理论核心的交通工具，具有超高速、高安全性、低能耗、噪声小、污染少等特点。其因具有胶囊形外观而被称为"胶囊高铁"，另外还被称为"飞行铁路""飞速铁路"，简称"飞铁"。在"超级高铁"上行驶的列车被称为"飞行列车"。"超级高铁"采用"磁悬浮技术+低真空环境"模式。

真空管道运输（evacuated tube transport）是一种无空气阻力、无摩擦的运输形式。技术原理是在地面或地下建一个密闭的管道，用真空泵抽成真空或部分真空。在这样的环境中开行车辆，行车阻力就会大大减小，因此速度大幅提升，可有效降低能耗，同时气动噪声也可大大降低。

2017年5月12日美国超级铁路公司 Hyperloop One 首次在真空环境中对超级高铁技术进行了全面测试，其利用磁悬浮技术，实现了113km的时速。同年7月，测试时速达到310km。

2017年8月29日，中国航天科工集团有限公司在武汉宣布，其已启动时速1000km 的"高速飞行列车"的研发项目，后续还将分别研制最高运行时速达2000km 和4000km 的"超级高速列车"。

2018年4月，特斯拉与SpaceX 公司的总裁埃隆·马斯克宣布，公司研制的"超级高铁乘客舱"将进行测试，目标运行速度为声速的50%，并在1.2km 内完成刹车。

▶ **100. 为什么中国自主研发的高温超导磁悬浮列车可以实现 1000km/h？**

据新华社报道，2021 年 1 月 13 日上午，由我国自主研发设计、自主制造的世界首台高温超导高速磁浮工程化样车及试验线正式启用，设计时速为 620km，最高时速可达 1000km，标志着我国高温超导高速磁浮工程化研究实现了从无到有的突破。

这列磁悬浮列车之所以可以达到如此快的速度，其实秘密在于"高温超导"这四个字中。

通常情况下，世界上所有的物体都存在电阻。电流从物体中穿过会产生消耗，流过物体的电阻越大，电流损耗就越大。反之，如果物体的电阻越小，这个物体的导电性就越强。所谓超导，就是一种特殊的物理现象，在某种情况下，某种特定的材料电阻为零。在超导材料中，电流就可以高速地畅通无阻，电流在线圈中的高速运动就会产生超强的磁场和抗磁性。利用磁场"同极相斥，异极相吸"的特点，就可以让某一个物体永远飘在磁场的上空，也就是传说中的磁悬浮。而超导材料就是实现磁悬浮技术大规模应用的基础。

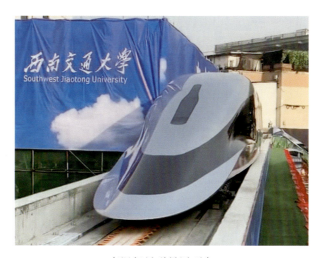

高温超导磁悬浮列车

　　"高温超导"中的"高温"，是相对原来超导所需的超低温而言的。我国推出的世界第一台由西南交通大学研发的高温超导磁悬浮列车，其工作原理就是在列车底部安装超导体，然后在行进的过程中不断使用液氮将其降温到"高温"（临界温度），然后用永磁体修建轨道。

参 考 文 献

[1] 卢春房. 中国高速铁路[M]. 北京：中国铁道出版社，2013.

[2] 高铁见闻. 大国速度：中国高铁崛起之路[M]. 长沙：湖南科学技术出版社，2017.

[3] 李宏. 中国高铁的奥秘[M]. 广州：广东高等教育出版社，2018.

[4] 高铁见闻. 高铁风云录[M]. 长沙：湖南文艺出版社，2015.

[5] 雷风行. 中国速度：高速铁路发展之路[M]. 北京：五洲传播出版社，2013.

[6] 兰云飞，仝泽柳，石瑛. 高速铁路概论[M]. 北京：北京交通出版社，2015.

[7] 胡名正. 高铁不神秘——高铁科普120问[M]. 北京：中国铁道出版社，2020.

[8] 佟立本. 铁道概论[M]. 7版. 北京：中国铁道出版社，2016.

[9] 熊小青. 铁道概论[M]. 成都：西南交通大学出版社，2018.

[10] 吉鹏霄. 电气化铁路接触网[M]. 3版. 北京：化学工业出版社，2015.

[11] 中国铁路总公司. 高速铁路信号系统[M]. 3版. 北京：中国铁道出版社，2013.

[12] 张铁增. 列车运行控制系统[M]. 2版. 北京：中国铁道出版社，2014.

[13] 冯琳玲，刘湘国. 高速铁路轨道电路[M]. 北京：中国铁道出版社，2011.

[14] 吴积钦. 受电弓与接触网系统[M]. 成都：西南交通大学出版社，2010.

[15] 韦成杰，李珊珊. 列车运行自动控制系统[M]. 成都：西南交通大学出版社，2019.

[16] 胡启洲，李香红. 高铁问答[M]. 成都：西南交通大学出版社，2018.

[17] 徐新玉. 屏蔽门系统在城市轨道交通中的应用[J]. 现代交通技术，2011，8(3)：86-89.

[18] 王佳玉. 新媒体时代高铁广告的场景化营销[D].安徽财经大学,2021.DOI:10.26916/d.cnki.gahcc.2021.000509.

[19] 陈亮恒. 中国高速铁路发展的经济效应分析[J].全国流通经济,2021(22):125-127.DOI:10.16834/j.cnki.issn 1009-5292.2021.22.040.

[20] 王麟，李政. 高铁的前世今生[M]. 北京：中国铁道出版社，2015.

[21] 高柏，李国斌，甄志宏，等. 中国高铁创新体系研究[M]. 北京：社会科学文献出版社，2016.

[22] 赵墨染. 中国高铁[M]. 北京：开明出版社，2018.

[23] 李向前. 高速铁路技术[M]. 北京：中国铁道出版社，2005.